DIREITAS EM MOVIMENTO

DIREITAS EM MOVIMENTO

A Campanha da Mulher pela Democracia e a ditadura no Brasil

Janaina Martins Cordeiro

FGV EDITORA

CULTURAS POLÍTICAS E USOS DO PASSADO

FAPERJ
Fundação Carlos Chagas Filho de Amparo à Pesquisa do Estado do Rio de Janeiro

CNPq
Conselho Nacional de Desenvolvimento Científico e Tecnológico

ISBN — 978-85-225-0749-8

Direitos desta edição reservados à EDITORA FGV
Rua Jornalista Orlando Dantas, 37
22231-010 | Rio de Janeiro, RJ | Brasil
Tels.: 08000-21-7777 | 21-3799-4427
Fax: 21-3799-4430
E-mail: editora@fgv.br | pedidoseditora@fgv.br
www.fgv.br/editora

Impresso no Brasil | Printed in Brazil

Este livro foi editado segundo as normas do Acordo Ortográfico da Língua Portuguesa, aprovado pelo Decreto Legislativo nº 54, de 18 de abril de 1995, e promulgado pelo Decreto nº 6.583, de 29 de setembro de 2008.

1ª edição — 2009

PREPARAÇÃO DE ORIGINAIS: Sandra Frank

DIAGRAMAÇÃO: Santa Fé ag.

REVISÃO: Catalina Arica e Fatima Caroni

CAPA: André Castro

FOTO DA CAPA: Marcha da Família com Deus pela Liberdade, que partiu da Igreja da Candelária, no Centro do Rio de Janeiro, durante o golpe militar de 1964 — 02.04.1964 (Arquivo / Agência O Globo).

**Ficha catalográfica elaborada pela
Biblioteca Mario Henrique Simonsen / FGV**

Cordeiro, Janaina Martins
Direitas em movimento : a Campanha da Mulher pela Democracia e a ditadura no Brasil / Janaina Martins Cordeiro — Rio de Janeiro : Editora FGV, 2009.
202 p.

Originalmente apresentado como dissertação da autora (mestrado — Universidade Federal Fluminense, 2008, com o título "A nação que se salvou a si mesma": entre memória e história, a Campanha da Mulher pela Democracia 1962-1974).
Vencedor do Prêmio Pronex/UFF Culturas Políticas.
Inclui bibliografia.
ISBN: 978-85-225-0749-8

1. Brasil — História — 1964-1985. 2. Campanha da Mulher pela Democracia. 3. Mulheres — História. I. Fundação Getulio Vargas. II. Título.

CDD – 981.064

POR INFELICIDADE, À FORÇA DE JULGAR, ACABA-SE QUASE FATALMENTE, POR PERDER ATÉ O GOSTO DE EXPLICAR. COM AS PAIXÕES DO PASSADO MISTURANDO SEUS REFLEXOS AOS "PARTIS PRIS" DO PRESENTE, O OLHAR SE TURVA SEM REMÉDIO E, ASSIM COMO O MUNDO DOS MANIQUEUS, A HUMANA REALIDADE VIRA APENAS UM QUADRO EM PRETO E BRANCO. (...)

ESTAVAM ERRADOS? OU TINHAM RAZÃO? QUANTO A ISSO, O QUE ME IMPORTA A DECISÃO RETARDATÁRIA DE UM HISTORIADOR? APENAS LHE PEDIMOS QUE NÃO SE DEIXE HIPNOTIZAR POR SUA PRÓPRIA ESCOLHA A PONTO DE NÃO MAIS CONCEBER QUE UMA OUTRA, OUTRORA, TENHA SIDO POSSÍVEL.

Marc Bloch
(*Apologia da história ou o ofício de historiador*.
Rio de Janeiro: J.Z.E., 2001, p. 126-127)

PARA MEU PAI, QUE ME ENSINOU A TER SONHOS

PARA MINHA MÃE, QUE ME AJUDOU A REALIZÁ-LOS

PARA MARIANA E LUCAS, QUE ENTENDEM, COMPARTILHAM
E TORNAM ESSA EXPERIÊNCIA MAIS BONITA

Sumário

O Prêmio Pronex/UFF Culturas Políticas

O projeto Culturas Políticas e Usos do Passado — Memória, Historiografia e Ensino da História, formado por núcleos de pesquisadores da Universidade Federal Fluminense (UFF), da Universidade do Estado do Rio de Janeiro (Uerj), da Universidade Federal do Rio de Janeiro (UFRJ), da Universidade Federal Rural do Rio de Janeiro (UFRRJ) e da Universidade Candido Mendes (Ucam), apoiado pela Faperj e o CNPq por meio do Programa Nacional de Núcleos de Excelência (Pronex), instituiu em 2007 um concurso entre os doutores e mestres formados pelos professores que fazem parte do projeto. Os três primeiros colocados recebem recursos do Pronex para a publicação do seu trabalho.

Os candidatos, com trabalhos na área de história contemporânea, foram avaliados por uma banca formada pelos professores doutores Marieta de Moraes Ferreira (UFRJ e Cpdoc/FGV), Tânia Maria Tavares Bessone da Cruz Ferreira (Uerj) e Francisco Carlos Palomanes Martinho (Uerj). Os candidatos com trabalhos em história moderna foram avaliados pelos professores doutores Manolo Garcia Florentino (UFRJ) e Ronaldo Vainfas (UFF) e pelo embaixador Alberto da Costa e Silva.

Em história contemporânea foram premiados, em 2008, os trabalhos de dois mestres, formados pelo Programa de Pós-Graduação em História da UFF, Rodrigo Farias de Sousa (*A Nova Esquerda americana: de Port Huron aos Weathermen 1960-1969*) e Janaina Martins Cordeiro (*Direitas em movimento: a Campanha da Mulher pela Democracia e a ditadura no Brasil*). Em história moderna, foi premiada a dissertação de mestrado de Gabriel Aladrén, também do PPGH (UFF), *Liberdades negras nas paragens do sul: alforria e inserção social de libertos em Porto Alegre (1800-1835).*

Temos a grata satisfação e a honra de apresentar aos leitores estes premiados trabalhos de historiadores que, ainda tão jovens, já se apresentam como pesquisadores de alto nível.

DANIEL AARÃO REIS

Coordenador do Projeto Culturas Políticas e Usos do Passado — Memória, Historiografia e Ensino da História

Julho de 2009

Agradecimentos

Primeiramente, gostaria de agradecer a Coordenação de Aperfeiçoamento de Pessoal de Nível Superior (Capes) a concessão da bolsa de estudos que viabilizou a realização do meu mestrado no Programa de Pós-Graduação em História da Universidade Federal Fluminense. A dissertação, defendida em março de 2008, deu origem a este livro.

Agradeço a toda equipe do projeto Culturas Políticas e Usos do Passado (Pronex/Faperj), coordenado pelo professor Daniel Aarão Reis, a premiação que possibilitou esta publicação, além de ter podido acompanhar de perto os trabalhos desse grupo e aprender um pouco mais sobre o fazer acadêmico e intelectual.

Sou grata aos professores Jorge Ferreira e Francisco Palomanes Martinho, que compuseram a banca de defesa da dissertação. Aos professores Daniel Aarão Reis e Luis Edmundo Moraes, que participaram da banca do exame de qualificação, agradeço as leituras atentas e as *sugestões interessantíssimas*, que foram incorporadas ao texto final da dissertação. Este trabalho começou a ser pensado ainda durante a minha graduação na Universidade Federal de Viçosa (UFV/MG), e suas primeiras leituras tiveram o apoio dos professores Daniel Diniz e Cláudia Chaves por meio de sugestões, conversas e orientações, que deram origem ao projeto de mestrado.

Agradeço imensamente às minhas entrevistadas (no Rio e em São Paulo) por terem aberto as portas de suas casas e — às vezes com alegria, às vezes com desencanto —, me permitirem conhecer um pouco dos personagens dessa história. Igualmente importantes foram os documentos cedidos e os livros emprestados. Sou grata a Aline Presot pela cessão de alguns documentos, e a Pérola Sestini pelo precioso contato com as militantes da União Cívica Feminina de São Paulo.

Estes dois anos foram ricos em encontros e reencontros. Minha sincera gratidão aos amigos que *encontrei* e que tornaram mais agradáveis os primeiros dias em Niterói: Lidiane, Simone, Juliana, Karine e Luana, querida professora de francês.

Aos amigos que *reencontrei*: minha *prima-amiga-afilhada* Roberta Domingues Araújo, o seu carinho, incentivo e a ajuda nas correções e traduções do inglês. Minha querida amiga Olivia Zink, por ter me acolhido quando cheguei ao Rio, porque sei que num cantinho dessa cidade existe a *casa das tias* e que suas portas estarão sempre abertas para mim.

Aos amigos que a academia trouxe: Aline Pereira, a ajuda na pesquisa dos documentos do Ipês; Gustavo Alonso, os *socorros* nos momentos finais da publicação; Rosalba Lopes, amiga para a vida, as nossas discussões e conversas depois das aulas, os livros emprestados, o incentivo e a cumplicidade.

Aos amigos de sempre — Mariana Talma, Weder Ferreira, Luana Cunha, Fernanda Moura e Luaê Carregari —, porque acreditaram. A Mariana e Luaê, que também me receberam, me guiaram e me acompanharam em São Paulo.

À minha amiga Keila Carvalho. Pude contar com ela em todos os parágrafos, um a um. Em cada passo dado, cada etapa vencida foi compartilhada com ela, que sempre lia e ouvia com paciência e entusiasmo. Por tudo isso, muito obrigada.

À minha orientadora Denise Rollemberg, a quem muito admiro, agradeço a atenção que prestou em cada palavra, cada ideia da dissertação, e as maravilhosas indicações de leituras. Principalmente, sou grata pelo incentivo, a disposição, o abraço apertado, o sorriso acolhedor. Denise não foi *apenas* orientadora, mas minha *amiga*.

Por fim, agradeço a minha família: minha mãe, Fátima, e meus irmãos, Mariana e Lucas, porque são meu *norte*, minhas referências, porque acreditam em mim, porque são meus amores. Este livro é para eles.

Prefácio

Muito se tem escrito sobre as resistências à ditadura, que se manteve no poder no Brasil por longos anos. As histórias de resistência parecem fascinar estudantes, professores, jornalistas e, diria mesmo, o público em geral. Em contrapartida, durante bastante tempo, poucos pesquisadores ousaram ver esses anos por outros ângulos: o do apoio civil ao golpe e o da participação civil na construção da ditadura. Abordagem equivocada e impossível para muitos, na medida em que o golpe e a ditadura foram militares, e a sociedade, vítima do regime a ela imposto; mal-intencionada, segundo outros, e o historiador, suspeito. De um lado, um mito; de outro, uma interdição, um tabu. Em todo caso, um campo minado para o historiador.

Nos últimos anos, entretanto, parece tomar forma uma corrente historiográfica que vem revendo interpretações até então consolidadas na historiografia do nosso tempo presente. Enfrentado resistências, travando um bom combate, estas revisões têm se dado em várias direções — mas o ponto comum diz respeito à compreensão da ditadura como construção social (Aarão Reis). A ditadura brasileira, assim como qualquer outra, não está desvinculada da sociedade. Ao contrário, constituiu-se e organizou-se em função de referências nela enraizadas. É, antes de tudo, seu produto. A permanência do regime militar por tantos anos não se explicaria, exclusiva nem fundamentalmente, devido à repressão, à tortura, à censura, ao arbítrio etc., e sim por relações de identidade, afinidade, consenso e consentimento — de variados matizes e que se alteraram ao longo do tempo —, de parcelas expressivas da sociedade com ideias, valores e propostas ao regime. E essas relações não se restringiram às camadas médias e superiores. Uma heresia, uma blasfêmia para quem tem enxergado os movimentos de resistência não como uma expressão existente nos anos de ditadura, mas como a resposta que mobilizou majoritariamente o país, desde o início, em rejeição ao regime a ele imposto.

O desafio para essa linha interpretativa é refletir por que a história tem sido contada não em função da perspectiva da ditadura como construção social, mas de seu oposto, o da resistência. A própria formulação da pergunta já é um bom caminho para a busca de respostas. A memória surge, então, em muitos desses trabalhos, como um campo a ser explorado. A percepção das fronteiras entre memória e história — onde uma começa a outra termina — é essencial. Restaurados os limites, os diálogos entre ambas são mutuamente enriquecedores.

Enfrentar mitos de resistência não é tarefa das mais fáceis. A história e a historiografia nos deixam um valioso legado. Nosso percurso ainda é tão longo, como árduo, mas, certamente, necessário.

O livro de Janaina Martins Cordeiro é uma inestimável contribuição a essa corrente — ou contracorrente — e, certamente, o será à historiografia. Resultado da dissertação de mestrado defendida no Programa de Pós-Graduação em História da Universidade Federal Fluminense em 2008, tem a coragem intelectual de inverter tradicionais ângulos de visão e de colocar em xeque versões consagradas. Tendo como objeto de pesquisa a Campanha da Mulher pela Democracia (Camde) — uma organização de mulheres surgida em 1962 no Rio de Janeiro, mais conhecida pelo papel que teve na articulação das Marchas da Família com Deus pela Liberdade —, a novidade aqui não está no objeto e nas fontes utilizadas, mas na brilhante abordagem da autora, que a alçou a inexplorados continentes.

Através da Camde, Janaina Martins buscou refletir sobre a complexidade da construção social da ditadura. Para isso, trabalhou com um referencial teórico e metodológico que foi essencial na compreensão de outras experiências históricas de ditaduras do século XX. Em particular, abordagens que a partir das décadas de 1970 e, sobretudo, de 1980, na Europa, mudaram os rumos das interpretações sobre a França sob a ocupação nazista e sob o Regime de Vichy (1940-44), bem como da Alemanha nazista (1933-45). Atenta às suas especificidades de tempo e lugar, soube magistralmente usar essas leituras como instrumental teórico para pensar os nossos mitos, refletir sobre nossa cultura política, e perceber a ditadura brasileira como construção social.

Janaina recorreu igualmente à memória para contar hoje essa história de mulheres de direita, que se articularam entre si, e mobilizaram diferentes níveis sociais para apoiarem o golpe, em tempos em que colaboração, participação e apoio têm sido esquecidos e silenciados na história. Vozes que outrora ocupavam as ruas, nas bocas de mulheres e homens de diferentes origens sociais, gritando a Deus e aos homens, aos militares e suas armas, aos crentes da fé católica, aos jornais, nos jornais, nas diversas instituições civis, depois de anos, tornavam-se sussurros, ao fundo, ao longe... Muitas dessas mulheres já desapareceram, as que ainda vivem, silenciaram.

Procuradas pela jovem mestranda, se perguntavam: — Falar?! Em tempos de histórias de resistências, o que adianta contar aquele passado? O "seu" passado tornou-se indizível (Pollak). Não faz sentido no presente. Também silenciam. Resistem. De outra maneira, por outras razões. Janaina ouvia: — Liga outro dia. Semana que vem. Mês que vem. Depois. Não. Depois. Enfim, a entrevista. Os constrangimentos. Os olhares. As palavras. As respostas. Os vazios. As dúvidas. A entrevista. Os olhares. Não. A entrevista. Palavras poucas, muitas, vazias, vazios. Silêncios.

Foi no vazio, no silêncio, que Janaina teceu a narrativa dos encontros e desencontros com as militantes da Camde, suas histórias, a história. Mulheres vitoriosas nas lutas passadas, mas que intuem que, no presente, o sentido está no silêncio. No indizível, Janaína recuperou a temporalidade, essência do trabalho do historiador, que desaparece quando a memória se sobrepõe à história.

Dessa história, surge um universo de mulheres — de direita — lúcidas em relação às suas posições e opções políticas. Na análise de Janaina, não há lugar para manipulações, maniqueísmos, simplificações. Até mesmo as fronteiras entre resistência e colaboração, rígidas, em vários momentos, sem dúvida, mas que também se diluem em tantos outros, se fazem, refazem, alteram, nos arranjos e rearranjos que os dias seguintes ao golpe aguardavam as mulheres da Camde e dos que compartilhavam suas ideias. A autora vai em busca da história que o historiador percebe através da memória, da história dos que se reinventaram em suas biografias, memórias, depoimentos, registrados em momentos distintos, em um passado que hoje já pode ser trabalhado "em camadas". Janaina percebe quando essas "camadas" mudaram, quando o tempo passou e já se inicia outro, outro passado, e aquele já é passado do passado.

No presente, somadas às suas personagens silenciosas, Janaina lida como malabarista com os diferentes passados. Gira-os no ar, com a intimidade e a liberdade de quem não faz história para condenar nem absolver ninguém. Transforma os múltiplos passados em espelhos, através dos quais nos vemos, tão distantes, no passado, e tão próximos, no presente.

DENISE ROLLEMBERG
Professora de história contemporânea da Universidade Federal Fluminense e pesquisadora do CNPq

Introdução

O QUE QUER, PORTANTO, UMA ANISTIA, EM SUA VONTADE PROCLAMADA? UM APAGAMENTO SEM RETORNO E SEM SINAIS? A MARCA, GROSSEIRAMENTE CICATRIZADA, DA AMPUTAÇÃO DESSE FATO NÃO MEMORÁVEL, CONTANTO QUE O OBJETO ESTEJA IRREMEDIAVELMENTE PERDIDO? OU A ORGANIZAÇÃO DE UM TEMPO PELO LUTO E A (RE)CONSTRUÇÃO DA HISTÓRIA?[1]
Nicole Loraux. *De l' amnistie et son contraire*,1988, p. 23

"A nação que se salvou a si mesma": a anistia e o mito da sociedade resistente

Em meados da década de 1970, quando o quarto general-presidente da ditadura civil-militar, Ernesto Geisel, iniciou seu projeto de distensão lenta, gradual e segura, e ao longo dos anos 1980, na medida em que se concretizava o processo de redemocratização política, a sociedade brasileira deu início às sucessivas reconstruções de memória sobre o golpe e o regime civil-militar de 1964. Em geral, prevaleceu uma memória ancorada no mito da resistência, ou seja, na ideia de que a sociedade como um todo havia resistido à ditadura, desde sempre um regime estranho à índole pacífica e democrática do brasileiro. Nesse sentido, a ditadura teria se imposto de cima para baixo,

[1] Tradução livre de: "(...) *que veut donc une amnistie, en sa volonté proclamée? Un effacement sans retour et sans trace? La marque, grossièrement cicatrisée d' une amputation, de ce fait à jamais memorable pourvu que l' objete n soit irrémédiablement perdu? Ou l' aménagement d' un temp pour le deuil et la (re)construction de l' histoire?*"

contra a vontade de todos.[2] Esta é a tese proposta por Daniel Aarão Reis Filho, que acredita, sobre o período, de modo geral, a memória da sociedade tendeu a adquirir uma arquitetura simplificada, opondo binariamente de um lado "as trevas da ditadura e de outro, as luzes da democracia".[3]

O historiador francês Pierre Laborie, ao tratar da relação entre os franceses e a memória construída sobre a resistência a Vichy e à ocupação nazista, nos dá importantes instrumentos para pensar a memória da resistência construída no final do processo de abertura política pela sociedade brasileira ao afirmar que:

> De maneira resumida, os franceses desejavam se fazer perdoar em 1944. Os armários que fechavam os cadáveres deveriam permanecer hermeticamente fechados para deixar apodrecer os segredos sob o grande silêncio. Nesta configuração, a apropriação da Resistência como bem comum servia de cortina de fumaça. Favorecia a amnésia e evitava dolorosos exames de consciência.[4]

Guardadas as devidas proporções e respeitadas as especificidades de contextos históricos distintos, como é o caso da França pós-1944 e do Brasil dos anos 1980, podemos observar que a apropriação de uma memória da resistência como *bem comum* também ocorreu no caso brasileiro e, nesse sentido, permitiu a conformação de um projeto de democracia capaz de *conciliar* diversos segmentos sociais a partir do momento em que supunha a negação da ditadura e de suas políticas pela nação como um todo.

E, tendo em vista a vitória de um projeto de anistia no qual predominou a lógica da *reconciliação* e do *esquecimento*, procedeu-se a uma reconstrução de memória, a partir da qual as esquerdas foram *vitimizadas* e a luta armada re-

---

[2] Cf. Aarão Reis Filho (2004, 2005); Rollemberg (2008).

[3] Cf. Aarão Reis Filho (2005:7).

[4] Laborie (2003:272): "*Pour faire court, les Français auraient eu beaucoup à se faire pardonner en 1944. Les placards qui enfermaient les cadavres devaient demeurer hermetiquement clos pour y lasser pourrir les secrets dans le plus grand silence. Dans cette configuration, l'appropriation de la Résistance comme bien commun servait de rideau de fumée. Elle favorisait l'amnésie et évitait de douloureaux examens de conscience*".

definida antes como um segmento radicalizado da resistência democrática do que como um projeto revolucionário de subversão de uma determinada ordem e sua substituição por outra.[5] A própria esquerda, após a derrota sofrida em 1964, "tendeu — e tende ainda — a construir a memória da sua luta, sobretudo como de resistência ao autoritarismo do novo regime".[6] É certo que a ascensão dos militares ao poder e a instauração de um governo ditatorial redefiniram os rumos da militância política dos grupos de esquerda. Não obstante, "a interpretação da luta armada como, essencialmente, de resistência, deixa à sombra aspectos centrais da experiência dos embates travados pelos movimentos sociais de esquerda no período anterior a 1964".[7]

Dessa forma, a ressignificação da história das esquerdas — que silenciava a respeito da opção pela luta armada antes mesmo do golpe de 1964 e enfatizava o caráter de resistência ao regime — ganhava impulso na medida em que o processo de abertura avançava. E, nesse momento, era importante politicamente formar um consenso democrático a partir do qual tornava-se difícil, para a própria esquerda, afirmar seu antigo projeto de implantação da "ditadura revolucionária do proletariado".

O crítico literário alemão, Andreas Huyssen, tratando do processo de redemocratização argentino, lembra a importância que, naquele momento, teve o *esquecimento* da ação política insurgente das esquerdas armadas erradicadas pela ditadura. Segundo ele, este esquecimento era absolutamente necessário na época, porque, em primeiro lugar, permitiu o julgamento dos generais e, em segundo, possibilitou que toda a sociedade argentina — incluindo tanto os que não participaram quanto os que se beneficiaram da ditadura — se congregasse em torno de um novo consenso nacional, qual seja, o que colocava em campos opostos vítimas e algozes.[8]

Neste caso, portanto, o autor explica a função que possuía o esquecimento do papel ofensivo das esquerdas armadas argentinas dos anos 1970. No

---

[5] Aarão Reis Filho, 2004, p. 48.
[6] Rollemberg, 2001, p. 26.
[7] Ibid.
[8] Huyssen, 2005, p. 7.

contexto da transição operada à partir de 1983, a formação de um *consenso democrático* era absolutamente necessária para a coesão nacional. Todavia, isso não pode justificar o apagamento do sentido das ações das esquerdas.

Sobretudo se pensarmos no caso do Brasil, onde, ao contrário da Argentina, esse processo de *vitimização* das esquerdas não levou ao julgamento dos envolvidos nos crimes decorrentes da repressão do Estado, tampouco suscitou um debate de proporções nacionais em torno da questão dos direitos humanos, deve-se refletir sobre qual o sentido deste tipo de ressignificação da história das esquerdas, principalmente das que aderiram ao enfrentamento armado. Mais do que isso, torna-se importante analisar os processos a partir dos quais o *mito da sociedade resistente* ganhou força na memória nacional, favorecendo ao mesmo tempo o *silêncio* sobre o respaldo social dos grupos organizados de direita à ditadura e a consolidação de um projeto de anistia baseado no *esquecimento* e na reconciliação nacional.

Assim, muito embora a luta dos grupos de esquerda não possa ser entendida em sua totalidade como uma luta de *resistência* ao regime civil-militar, é preciso considerar que em muitos momentos a ditadura impôs uma redefinição nesse sentido. De toda forma, é necessário tentar compreender os caminhos pelos quais a luta *contra* o regime, assumida por segmentos muito bem-delimitados da sociedade, tenha adquirido, no plano da memória, dimensões de luta nacional. Para o caso da França entre 1940 e 1944, Laborie sugere que se reflita demoradamente sobre o próprio conceito de "resistência", bem como sobre o "uso abusivo da palavra"; sobre o que "pode ou não ser nomeado resistência"; se devemos usar o termo no singular ou no plural.[9]

Os questionamentos do historiador francês podem ser válidos também para pensar o caso do Brasil: talvez seja necessário, para que se compreenda melhor tanto o regime civil-militar como a memória construída sobre o período, refletir sobre o conceito de resistência no Brasil. E, também como sugere Laborie, para além de definir o conceito, é preciso tentar recuperar os termos em que se davam as relações entre a sociedade e os grupos de

[9] Laborie, 2003, p. 65.

esquerda em sua temporalidade. Relações estas que, assim como na França dos anos 1940, é preciso que sejam vistas em sua complexidade, "evolutiva, multiforme, portadora de ritmos diferentes e marcada por situações que se fundem e/ou que são conflituosas, segundo as culturas, o contexto, os lugares, os momentos".[10] No caso específico da memória construída a respeito da ditadura durante o processo de anistia, de acordo com Denise Rollemberg, "sobre o período de 1974 a 1985 temos uma memória da abertura que transcende o período, pois porta em si as interpretações do que teriam sido as relações da sociedade com a ditadura ao longo de toda a sua existência (1964-1985)".[11]

Nesse sentido, não apenas a sociedade aparece como o ator central dos movimentos pela anistia e pela redemocratização, como também se redefinem as relações estabelecidas entre a sociedade e a resistência ao regime, entre sociedade e ditadura, silenciando sobre o fato de esta não se ter estabelecido unicamente por meio de instrumentos repressivos, mas, ao contrário, ter sido produto de parcelas significativas da sociedade e, em certa medida, uma demanda destas. Portanto, como já destacamos, ao mesmo tempo que os grupos de esquerda são consagrados como vítimas, os movimentos civis de direita, que ao fim constituíram a base social de apoio e legitimação da ditadura, foram silenciados ou *esquecidos*.

E, neste caso, se continuarmos seguindo o raciocínio de Huyssen sobre o papel do esquecimento, podemos observar que, no caso do Brasil, o *oubli commandé*[12] das ações das direitas organizadas cumpre um importante papel na conformação deste projeto de anistia guiado pela necessidade da *conciliação* social em torno da democracia e contra a ditadura. Dito de outra forma, o *esquecimento* do consenso social existente em torno do golpe e do regime

---

[10] Laborie (2006:92): "[...] *évolutive, multiforme, portée par de rythmes différent et marquée par des situations fusionelles ou/et conflictuelles, selon les cultures, le contexte, les lieux et les moments*".

[11] Rollemberg, 2008.

[12] A expressão foi tomada emprestada a Paul Ricouer, em seu livro *La mémoire, l'histoire, l'oubli* (2002) apud Huyssen (2005) e, neste caso, está relacionada a um "esquecimento institucional"; este, por sua vez, refere-se aos processos de anistia.

civil-militar favoreceu, no bojo do processo de abertura política, a formação de um *consenso democrático*, crucial naquele momento.

Assim, "sob a égide da *resistência* seria construída a memória daqueles anos".[13] Se pensarmos no âmbito da própria memória das esquerdas, a versão que prevalece é aquela que traz em si um apelo *conciliador*: "todos resistiram, todos resistimos, assim parecia melhor. O momento era de volta, mas de volta para construir o futuro, e não para reencontrar o passado".[14]

A apropriação da resistência e a negação do apoio civil à ditadura devem ser compreendidas, pois, como um projeto nacional de *conciliação* e *esquecimento,* que ia se conformando à medida que avançava o processo de abertura política. Todavia, se para Huyssen o esquecimento do consenso em torno da ditadura cumpria, neste contexto, uma função social, não se pode "fazer do 'direito ao esquecimento' uma virtude cívica".[15] É preciso ir além e tentar desvendar os mecanismos através dos quais estas memórias permeadas de silêncios são construídas e consolidadas. Desse modo, podemos perceber, de forma menos simplificadora, as relações estabelecidas entre sociedade civil e ditadura, a complexidade dos comportamentos coletivos sob regimes autoritários, que, por vezes, não cabem *em campos bem delimitados de oposição ou situação.*[16]

Indo de encontro a esta memória da abertura que *silenciou* sobre os grupos de direita, podemos observar que, ao longo dos 21 anos de regime civil-militar, expressivos segmentos sociais e instituições respaldaram e legitimaram os governos dos generais-presidentes. Os militares, por sua vez, chamam a atenção para o fato de que "uma vez derrotada, a esquerda esforçou-se por vencer, na batalha das letras, aquilo que perdeu no embate das armas"[17]. É, pois, uma versão dos militares a respeito da ditadura essa de que, embora vencedores no plano político e militar, foram derrotados

---

[13] Rollemberg, 2006, p. 85.

[14] Ibid.

[15] Laborie, 2003, p. 51.

[16] Cf. Rollemberg (2008); Laborie (2003), especialmente o capítulo "Les français du penser-double".

[17] Martins Filho, 2002.

no plano da memória. E se levarmos em consideração que, de fato, os segmentos sociais mais diversos imersos no processo de *redemocratização* não queriam ser identificados aos militares e à *sua* ditadura, há que se considerar que essa constatação dos militares é, ao menos em parte, verdadeira. Em suma, num movimento quase estranho à história, os vencedores esforçam-se para esquecer o passado, e os vencidos, para lembrá-lo, mas de uma forma bem específica.[18] Denise Rollemberg chama a atenção também para o fato de que essa versão dos militares — de que perderam as "batalhas da memória" — é verdadeira somente em parte. Isso porque mesmo "entre os vencidos que *venceram* a memória houve uma pluralidade de memórias esquecidas", prevalecendo no âmbito da memória *vencedora* uma versão conciliadora, de acordo com a qual toda a sociedade resistiu ao regime. Nesse sentido, as dificuldades que as esquerdas encontram em compreender as relações da sociedade com o regime, acabam corroborando "a vontade de os militares esquecerem, embora o seu esforço seja o inverso: o de lembrar".[19]

Interessante chamar a atenção para o fato de que, em 1978, nos marcos da política de abertura *lenta, gradual e segura* — definida pelo general Geisel —, já se podia observar as tentativas, por parte dos setores mais diversos e antagônicos da sociedade, no sentido de consolidar uma determinada memória sobre o período inaugurado em 1964, uma vez que, "em História, quando ainda se desenrolam os enfrentamentos nos terrenos de luta, ou mal se encerram, o sangue ainda fresco dos feridos, e os mortos sem sepultura, já se desencadeiam as batalhas de memória".[20]

Assim, por um lado eventos como a greve operária de São Bernardo do Campo, o fim da censura à imprensa, a expiração do AI-5, o movimento estudantil de volta às ruas, o crescimento do movimento social a favor da anistia favoreceram a construção de uma "memória das esquerdas", na qual estas foram recuperadas como essencialmente democráticas, e sua luta redefinida como de *resistência* ao regime de 1964. Por outro lado, havia tam-

[18] Rollemberg, 2006, p. 82.
[19] Ibid., p. 84, 89.
[20] Aarão Reis Filho, 2005, p. 30.

bém um esforço — permeado pela vontade de esquecer e silenciar o passado —, por parte do governo militar, no sentido de construir sua memória sobre o período. No entanto, se após consolidado o projeto de abertura os esforços militares se deram no sentido de conclamar a população ao *esquecimento*, antes, ainda nos marcos do governo Geisel, a intenção era mais de *lembrar.* Fazer a sociedade recordar que a implantação e a consolidação do projeto político instaurado em 1964 não foram obras apenas dos militares, mas sim que a sociedade estivera comprometida com tal projeto.

Representativas deste intento são as próprias propagandas oficiais do governo que, muito embora não possuíssem mais o forte tom ufanista que caracterizou o governo Médici, em comum com este período tinham "a pretensão de 'projetar uma imagem de otimismo, de esperança'",[21] mas que então se limitariam a divulgar as realizações do governo. É o que podemos notar, por exemplo, no folheto produzido e distribuído pela Assessoria de Relações Públicas da Presidência da República (ARP) em janeiro de 1978, intitulado *O Brasil que os brasileiros estão fazendo.* O folheto reunia informações sobre "11 grandes obras" realizadas pelo governo, entre elas, as hidrelétricas de Itaipu e Sobradinho, a barragem de Tucuruí e a Central Nuclear Almirante Álvaro Alberto (Angra 1, 2 e 3) e, de acordo com o texto da apresentação, tentava "registrar a ideia de um grande canteiro de trabalho". Mais que isso, as obras representavam

> perspectivas de melhores dias para o povo e, ao mesmo tempo uma nova alavanca para o desenvolvimento nacional. Mas, sobretudo, elas são também uma resposta do Brasil — não se pode conquistar mais felicidade e bem-estar, se não houver sacrifício e determinação para cumprir o destino brasileiro.[22]

---

[21] Fico, 1997, p. 107.

[22] Folheto *O Brasil que os brasileiros estão fazendo*, produzido e distribuído pela Assessoria de Relações Públicas da Presidência da República (ARP) em janeiro de 1978. Apresentação, p. 1.

Como podemos observar, embora se preocupasse principalmente em divulgar as realizações do governo, o plano de comunicação do governo Geisel tinha uma preocupação visível em *reforçar os laços de coesão e patriotismo*, justamente no momento em que se planejava a *volta dos militares aos quartéis*. De acordo com o próprio presidente, o objetivo naquele momento era "não deixar o povo soçobrar em frustração".[23] No contexto da longa transição operada naquele momento, as palavras do general Geisel deveriam ser entendidas como uma orientação no sentido de esclarecer que os militares não estiveram sozinhos na execução de seu projeto de modernização conservadora do país, e também de chamar a atenção para o fato de que o regime teria beneficiado significativos setores sociais.

Mais que isso, naquele momento os militares tentavam construir uma memória de acordo com a qual eles não teriam sido os únicos responsáveis pelo golpe e pela ditadura, mas que o haviam feito atendendo à demanda de expressivos segmentos sociais. Nesse sentido, a reedição em 1978, pela Biblioteca do Exército — agora sob a forma de panfleto —, da reportagem "A nação que se salvou a si mesma" cumpria muito bem tal papel. Publicada pela primeira vez em novembro de 1964 pela revista *Seleções* de Reader's Digest, esta reportagem especial de Clarence Hall tinha o objetivo de contar "a história inspiradora de como um povo se rebelou e impediu os comunistas de tomarem conta de seu país".[24] Assim, a publicação trazia uma narrativa da "Revolução de 1964" na qual procurava enfatizar o protagonismo da sociedade naquele processo.

Interessante, pois, refletir a respeito do papel que tiveram as duas edições do panfleto. No primeiro caso, a publicação de novembro de 1964, num contexto no qual a "Revolução" buscava se firmar, cumpria a função de "legitimar" o golpe como uma "intervenção salvadora",[25] procurando sustentar-se pelo apoio massivo que teve por parte da sociedade. Nesse sentido, tal edição pode ser considerada, já naquele momento, uma tentativa de construir

[23] Apud Fico (1997:108).

[24] Panfleto *A nação que se salvou a si mesma*, editado pela Biblioteca do Exército em 1978, p. 1.

[25] A expressão é de Aarão Reis Filho (2004:39).

determinada memória sobre o golpe que procurava agregar em torno do governo os segmentos sociais que participaram do movimento civil-militar.

A segunda edição, datada de 31 de março de 1978, possuía significado bastante diverso. Pretendia "comemorar" o 14º aniversário da "Revolução" já no contexto da distensão política. Nesse momento, a publicação toma, então, sentido diverso: parece fazer parte de uma estratégia de consolidação do projeto de anistia recíproca, na medida em que *lembra* que os militares não foram os únicos personagens de 1964, mas que também havia no país naquele momento — nas palavras do panfleto — "os líderes da classe média" — leia-se os empresários organizados no Instituto de Pesquisa e Estudos Sociais (Ipês) —, "uma imprensa destemida" e mulheres "femininas e formidáveis", além das Forças Armadas, que neste caso seriam apenas "guardiães [*sic*] da legalidade". Portanto, determinadas posturas desses vastos segmentos precisavam ser *esquecidas* pelo projeto de anistia.

É importante destacar em que sentido estamos considerando a palavra *esquecimento* associada às políticas de anistia. Etimologicamente, *anistia* é uma palavra cujo sentido está muito próximo de *amnésia, esquecimento.* Ainda assim, é preciso tratar com cuidado o sentido do *esquecimento* proposto pelos projetos políticos de anistia. Para Henry Rousso, a anistia aparece "em uma longa tradição republicana que tem sempre por função reconstituir o tecido social e nacional após um conflito interno".[26] No entanto, as anistias são "escolhas políticas" e, dessa forma, não se constituem em *esquecimento* no sentido comum do termo. São, antes, discursos e atos políticos que têm por objetivo "a refundação do laço social". Vista a *anistia* dessa forma, torna-se problemática a aproximação, recorrente, com o termo *amnésia.* De acordo com Rousso, "o esquecimento político e jurídico de um lado, e a amnésia voluntária de outro não devem ser tomados ao pé da letra, sob pena de contrassenso". Aqui, o exemplo da memória construída pelos franceses nos anos 1950 e 1960 sobre a ocupação nazista é representativo: "os franceses, em sua maioria, não esqueceram a Ocupação nos anos cinquenta-sessenta, eles qui-

[26] Rousso, 1999, p. 111.

seram, e na verdade, muito rápido, não mais falar disso nem publicamente nem no espaço privado, o que é muito diferente".[27] Trata-se, portanto, de uma *escolha, do luto inacabado*[28] com relação aos acontecimentos do passado, de uma incapacidade de *elaborar* pessoal e coletivamente *como* e *por que* as coisas se passaram de determinada forma, e não de *esquecimento* propriamente.

De toda forma, era importante, em 1978, reeditar um panfleto que afirmava claramente não somente a participação, mas o protagonismo dos civis no regime:

> Sem precedentes nos anais dos levantes políticos sul-americanos, a revolução foi levada a efeito não por extremistas, mas por grupos normalmente moderados e respeitadores da lei. Conquanto sua fase culminante fosse levada a cabo por uma ação militar, a liderança atrás dos bastidores foi fornecida e continua a ser compartilhada por civis. [29]

A recuperação do discurso elaborado ainda em 1964 sobre o golpe possuía, no contexto de 1978, significado importante, sobretudo tendo em vista os setores militares, uma vez que situava as Forças Armadas como simples instrumentos da vontade da sociedade civil. Neste caso, os militares levaram a cabo uma ação a qual era parte de um processo que, ao fim, foi e *continuava sendo* liderado por civis.

A nova edição de *A nação que se salvou a si mesma* ganhou, em 1978, um anexo intitulado "Conquistas socioeconômicas da Revolução", o qual trazendo números e gráficos pretendia, sob uma perspectiva comparada, demonstrar os benefícios efetivados pelo regime civil-militar. Portanto, se em 1964 a memória que se pretendia construir em torno do 31 de Março deveria enfatizar as bases sociais de apoio aos militares, tendo em vista

---

[27] Rousso (1999): "*les Français, dans leur majorité, n'ont pas, en tant qu'individus, 'oublié' l'Occupation dans les années cinquante-soixante, ils ont voulu, à tort ou à raison, et pour le dire trés vite, ne plus en parler, ni publiquement, ni en privé, ce qui est très différent*".

[28] Cf. Rousso (1990), especialmente o capítulo "Le deuil inachevé", p. 29-76.

[29] *A nação que se salvou a si mesma*, 1978, p. 7.

mesmo o caráter imediato do que se estava rememorando, no contexto de 1978 apenas isso não bastava. Era necessário destacar, do ponto de vista do governo, as mudanças efetivadas. Mais que isso, era importante criar uma imagem de acordo com a qual a "Revolução" havia rompido com um "antigo legado de imperfeições e deficiências" e inserido o Brasil num mundo caracterizado por ser "uma nova era de progresso impulsionado por espetaculares conquistas da ciência e da tecnologia".[30]

Assim, o anexo constitui-se de dados sobre *melhorias* nas seguintes áreas: "educação e cultura"; "integração social"; "população e emprego"; "os grandes agregados econômicos"; "indústrias básicas"; "infraestrutura econômica"; e, por fim, "relações econômicas internacionais". Interessante observar que a maioria das informações refere-se a números da economia, indicando que, mesmo passada a euforia do "milagre econômico", este se constituía em importante elemento de propaganda do governo.

Chama a atenção também o fato de que, embora a maioria dos números seja relativa ao período entre 1960 e 1976, há dados que remetem ao ano de 1937. A comparação com o período imediatamente anterior ao golpe é quase evidente, e lida em conjunto com o texto original cumpre o papel de enfatizar a ideia de que o país se encontrava em situação de *caos*, não apenas político, mas também econômico antes de 1964, quando, então, foi *salvo* pelos militares.

Mas o dado relativo a 1937, embora seja único, é digno de menção na medida em que corrobora ou, pode-se afirmar, tem a pretensão de ser a prova empírica da ideia trazida na apresentação do anexo, de acordo com a qual o país padecia de um atraso político, econômico e social que era decorrente de séculos de má administração, com a qual os militares haviam rompido em 1964. Dessa forma, tentava-se construir uma imagem positiva de todo o período aberto em 31 de março de 1964 até aquele 31 de março de 1978, quando a "Revolução" completava 14 anos. E o mote principal desta comemoração eram os "avanços econômicos" conquistados. Assim, dizia a apresentação do anexo:

---

[30] Id., anexo: "Conquistas socioeconômicas da Revolução", p. 41.

> O movimento de 31 de março de 1964 trouxe em seu bojo o germe da reforma estrutural do Brasil e foi seu objetivo atualizar a organização político-administrativa, adaptando-a à realidade nacional e procurando escoimar os erros acumulados que vinham entravando o desenvolvimento do país e provocando sucessivas crises políticas, as quais cada vez mais, faziam a nação acercar-se do caos. [...] A obra a realizar-se era muito grande [...] Felizmente, porém, o que se conseguiu fazer em 14 anos configura uma obra incontestável, verdadeiramente admirável e empolgante, não só no campo da infraestrutura nacional, como em vários setores básicos do desenvolvimento econômico e social do país [...].[31]

E, nesse sentido, apesar da derrota da ditadura no que se refere às "batalhas de memória", há que se destacar a força que essa construção em torno da lembrança dos ganhos materiais e da modernização do país efetivada pelos militares possui até hoje. Os atores sociais que ainda defendem o regime o fazem principalmente a partir de alegações sobre os avanços econômicos promovidos, sobretudo no período do "milagre brasileiro". Há, portanto, uma *memória positiva* em torno da ditadura que, pode-se dizer, não ousa pronunciar seu próprio nome; que fica no anonimato; que *lembra se escondendo* e dilui-se na indiferença em relação aos crimes do regime. Mas que se afirma diante dos ganhos materiais proporcionados pela política econômica do governo.

No caso da abordagem, pelo panfleto, da ação dos grupos civis que apoiaram e legitimaram o regime, não houve modificações de uma edição para a outra, visto que, como afirmei, o propósito de enfatizar a adesão social ao regime se manteve inalterado. O que se modifica é, neste caso, o contexto da publicação e, portanto, a forma como é lida num caso e no outro a participação da sociedade civil no regime.

Assim, é consagrada importância central aos "homens de negócio e profissionais liberais", os quais, alarmados com a situação do país desde a renúncia de Jânio Quadros e a posse de Goulart em 1961, decidiram que

[31] *A nação que se salvou a si mesma,* 1978.

"não mais podiam deixar a direção do país apenas aos políticos" e fundaram, então, o Ipês, descrito na reportagem da revista *Seleções* como um órgão que tinha por objetivo "descobrir exatamente o que ocorria por trás do cenário político e descobrir o que poderia ser feito".[32] Não obstante a liderança atribuída ao Ipês no que concerne à ação organizada dos "homens de negócio", outras instituições do mesmo tipo são citadas na reportagem, como por exemplo, o Conselho Superior das Classes Produtoras (Conclap), o Grupo de Ação Política (GAP), os centros industriais e as associações comerciais.

A ação da imprensa também mereceu destaque, e sobre estes setores a reportagem afirmava:

> Os principais jornais brasileiros cedo entraram na luta. Comunicando regularmente as descobertas dos grupos de resistência[33] e mantendo por conta própria cerrada fuzilaria editorial, destacavam-se os dois mais influentes jornais do Rio, *O Globo* e o *Jornal do Brasil*, como *O Estado de S. Paulo*, da capital paulista, e o *Correio do Povo*, o mais antigo e mais respeitado jornal independente do Rio Grande do Sul.[34]

Mas a ênfase da reportagem recaía mesmo sobre as Marchas da Família com Deus pela Liberdade. Tendo em vista a grandiosidade das manifestações, as marchas passaram à história como as mais significativas expressões do apoio da sociedade civil à intervenção militar. Nelas estiveram presentes os mais diversos tipos de entidades civis, as quais primeiramente se mobilizaram para pedir uma intervenção militar e, em seguida, para comemorar o sucesso desta.

---

[32] *A nação que se salvou a si mesma*, 1978, p. 8.

[33] Interessante observar o uso da expressão "grupos de resistência", mais de uma vez utilizada no texto para designar a ação dos grupos de direita no pré-1964. A reedição do panfleto recuperava, então, a história dos movimentos civis conservadores a partir do uso do mesmo termo em torno do qual, no momento da abertura, a esquerda tentava ressignificar a sua história: *resistência*.

[34] *A nação que se salvou a si mesma*, 1978, p. 17.

Assim, embora chame a atenção o número de associações civis que aderiram às marchas,[35] a reportagem de Clarence Hall denomina a marcha de São Paulo "A Marcha das Mulheres", e sobre a manifestação carioca, descreve:

> Dois de abril tinha sido marcado pelas mulheres da Camde como a data para a Marcha da Família com Deus pela Liberdade, no Rio de Janeiro. Mas então, com a liberdade conquistada, para que incomodar-se? As mulheres do Rio, todavia, correram aos seus telefones, como suas irmãs de outras cidades haviam feito antes. A marcha teria lugar segundo os planos, mas agora como "marcha de ação de graças a Deus". Quando até o general Castello Branco [...] aconselhou o cancelamento, temendo violências, dona Amélia Bastos insistiu, afirmando: "A marcha demonstrará ao mundo que esta é uma Revolução *do povo* — um plebiscito em marcha pela verdadeira democracia!"[36] [grifos no original].

Como pudemos perceber, em geral, a liderança e a organização das marchas foram atribuídas aos grupos femininos espalhados por todo o país. Estas "associações cívicas"[37] surgiram na vida política brasileira na primeira metade da década de 1960 e, reunindo mulheres das elites e classes médias das principais cidades brasileiras, realizaram o que elas chamavam de um trabalho de *mobilização da opinião pública* contra o que consideravam o avanço da infiltra-

---

[35] Para ficarmos somente com as marchas de São Paulo — a primeira que ocorreu — e do Rio de Janeiro — consagrada como Marcha da Vitória e que reuniu cerca de 1 milhão de pessoas —, temos os seguintes números: à marcha paulista, aderiram 112 entidades de São Paulo, ou seja, não entraram na contagem as entidades do interior ou de outros estados que enviaram delegações ao evento. Na marcha carioca, foram listadas pelo *Diário de Notícias* 37 entidades, sendo que, neste caso, estão incluídas as entidades do estado do Rio de Janeiro e as de outros estados que enviaram representantes. Cf. Matias [s.d.]; Simões (1985:161-162).

[36] *A nação que se salvou a si mesma*, 1978, p. 33.

[37] Essa era a expressão pela qual as entidades femininas buscavam se definir. Ainda hoje se identificam como sendo "associações cívicas", recusando, por exemplo, a denominação "grupos anticomunistas". Cf. entrevista concedida à autora por uma ex-militante da União Cívica Feminina (UCF) de São Paulo em 17 de maio de 2007; entrevista concedida a Stella M. Senra Pollanah sob o título "D. Amélia Molina Bastos ou como e onde marcha a Camde", publicada em *Livro de Cabeceira da Mulher* (1967).

ção comunista no país e a defesa da família e da religião.[38] Neste trabalho tratarei especificamente da trajetória, bem como da memória das militantes de um desses grupos em particular: a Campanha da Mulher pela Democracia (Camde), fundada ainda em 1962 por um grupo de mulheres que frequentavam a paróquia de Nossa Senhora da Paz, em Ipanema, Rio de Janeiro.

A preocupação em consolidar uma memória, ainda em 1964, segundo a qual as mulheres foram o elemento fundamental não apenas na organização das marchas, mas também no desencadeamento das ações que conduziram ao golpe, era crucial naquele momento. Isso porque é preciso levar em consideração o próprio discurso dos grupos femininos, de acordo com o qual as mulheres surgiram na vida pública do país como *mães, esposas e donas de casa* preocupadas com a crescente *infiltração* comunista no país. Ora, nada mais *apolítico*[39] do que a palavra *mãe* e, portanto, esta "categoria" representaria uma certa coesão social, uma aliança entre o público e o privado, em torno do projeto político encarnado pela "Revolução".

Nesse sentido, é interessante observar o documento produzido em São Paulo, também em 1964, intitulado Marcha da Família com Deus pela Liberdade, que narrava a história deste evento em Santos, no Rio de Janeiro e, principalmente, em São Paulo. O texto de Rodrigues Matias dirigia-se logo no início ao "jovem brasileiro", e o advertia:

> Alguém te dirá um dia, porventura, que a revolução brasileira de 31 de março de 1964 foi uma arrancada de ricos contra pobres, de patrões contra operários.

---

[38] Sobre a ação de mulheres conservadoras no Brasil dos anos 1960, o livro de Solange de Deus Simões (1985) é referência. Nele, a autora estudou as entidades que atuavam em São Paulo — Movimento de Arregimentação Feminina (MAF) e União Cívica Feminina (UCF); no Rio de Janeiro — Campanha da Mulher pela Democracia (Camde); em Belo Horizonte — Liga da Mulher pela Democracia (Limde); no Rio Grande do Sul — Ação Democrática Feminina Gaúcha (ADFG); e em Pernambuco — Cruzada Democrática Feminina (CDF).

[39] Este termo é muito utilizado pelas mulheres da Camde para definir esta entidade. Cf., entre outros, Fundo Campanha da Mulher pela Democracia. (Arquivo Nacional/Codes. Documentos Privados. Código PE. Caixa 40. Pasta 4.) Recorte de jornal: "Las amas de casa brasileras transforman ahora el país". *El Tiempo,* Bogotá, 2 ago. 1964.

> Por este livro saberás o quanto isso é falso. A revolução autêntica não se deu a 31 de março, mas a 19 de março. Foi tua mãe quem a fez, pensando em ti, para que tu continuasses livre e em regime de livre iniciativa pudesses construir o futuro esplendoroso do grande Brasil de amanhã.[40]

O trecho dá bem a medida do sentido que deveria possuir a construção de uma *versão oficial* dos eventos que culminaram no golpe. Era importante rememorar as marchas como o evento-chave que demonstrava a adesão social à "Revolução". No cerne desta última estavam, portanto, as marchas. Mais que isso, a *verdadeira revolução* ocorreu no dia em que houve a primeira Marcha da Família com Deus pela Liberdade, e a razão de ser do evento foram as *mulheres brasileiras*. Assim, no campo da memória dos segmentos que apoiaram o golpe, o grupo capaz de congregar um expressivo número de forças sociais em torno do novo governo era, sem dúvida, o das *mães*, inclusive pelo poder de transcender classes sociais e de apelar para a defesa da instituição família.

Nesse sentido, é consagrado à ação dos *grupos cívicos femininos* importante lugar na memória elaborada sobre as marchas e sobre o golpe. A reedição, em 1978, de *A nação que se salvou a si mesma* buscava recuperar a importância da ação dos grupos civis — das mulheres em particular — e de manifestações grandiosas, como foram as marchas, para a sustentação do regime, como estratégia de consolidar uma determinada memória sobre o período. E mais que isso, firmar um projeto de anistia que conciliasse, ainda que através do silêncio, as diversas camadas sociais que constituíram a base de legitimação do governo em torno de um novo consenso, qual seja, o que se firmava lentamente em torno da democracia.

Assim, ao tentar recuperar as "batalhas de memória" que começaram a ser travadas ainda em meio ao processo de transição para a democracia — operada pelos militares —, é preciso ter em mente que "nada ainda estava muito claro, como às vezes se imagina hoje, de forma retrospectiva, ao se dizer

[40] Matias [s.d.].

que a abertura caminhava inevitavelmente para o fim da ditadura".[41] Por isso mesmo, revisitar esses processos é crucial para se compreender melhor os rumos tomados pelo projeto de abertura, as rupturas realizadas e as continuidades existentes entre ditadura e democracia, para entender sem mistificações as complexas relações estabelecidas entre a sociedade brasileira e o regime instaurado em 1964.

Observar, pois, os caminhos a partir dos quais foram construídas as memórias e os silêncios em torno da militância dos grupos que apoiaram a ditadura, tomando o caso particular da Camde como exemplo, pode apontar para elementos importantes que compõem a cultura política brasileira. Esta, por sua vez, possibilitou não somente que o regime autoritário de 1964 se sustentasse por 21 anos, como também que se efetivasse um projeto de anistia que *silenciasse* sobre estes segmentos, silenciando a respeito da importância da sua atuação na derrubada do governo democrático de João Goulart, durante as articulações golpistas e ao longo da trajetória do regime.

Tentar compreender a história destes atores e analisar a construção da memória de sua militância política não passa, portanto, pela problemática de "dar voz" ou não a estes segmentos sociais, mas de tentar entender os processos a partir dos quais a sociedade brasileira consolidou uma determinada memória sobre o regime civil-militar e, embora tenha aprovado uma anistia recíproca, renegue a memória dos setores que apoiaram o golpe.

É preciso, portanto, tentar entender o regime instaurado em 1964 como um processo de construção social. E para tal, é necessário que se compreenda o universo simbólico, cultural e também material dos setores que o apoiaram. Nesse sentido, os grupos femininos constituem-se em espaços privilegiados para realizar estas observações, visto que os próprios atores comprometidos com o governo tentaram construir uma memória na qual as mulheres foram as grandes desencadeadoras do "processo revolucionário". Em particular, as marchas são consideradas momentos importantes

[41] Aarão Reis Filho, 2005, p. 69.

para analisar estes elementos simbólicos que constituem a cultura política dos setores conservadores da sociedade brasileira nos anos 1960.[42]

Todavia, é importante levar em conta que, por serem consideradas o *evento-síntese* da mobilização feminina e pela grandiosidade da manifestação, elas desempenham importante papel na memória das militantes dos grupos. Do mesmo modo, para as camadas comprometidas com a ditadura, de modo geral, é preciso lembrar que as marchas foram apenas *uma* das muitas manifestações públicas realizadas pelas mulheres organizadas em associações cívicas. Resgatar, portanto, a história e a memória destes grupos antes e depois das marchas é uma forma de tornar mais complexa a lógica da manipulação e coerção, chamando a atenção também para o universo simbólico que fazia com que determinados grupos se identificassem com certos valores e militassem em sua defesa.

Nesse sentido, as palavras de Robert Gellately sobre as relações dos alemães com o nazismo também podem servir para compreender as relações dos brasileiros com o regime civil-militar de 1964. Segundo ele, "consentimento e coerção foram inextrincavelmente unidos durante toda a história do Terceiro Reich".[43] Vista dessa maneira a história de sociedades que viveram sob regimes autoritários, pode-se compreender melhor a diversidade dos comportamentos coletivos. Isso porque estão se considerando não apenas os mecanismos coercitivos — os quais, sem a menor dúvida, possuem importância capital na estrutura desses regimes —, mas também o *consentimento*, as formas pelas quais as pessoas viveram tal situação e se representaram através dela. Além disso, resgatar a história destes segmentos sociais pode ajudar a desmistificar uma memória da resistência que, para reconciliar-se com o seu passado, *esqueceu* ou silenciou sobre a ressonância que discursos como os dos grupos femininos pautados por um anticomunismo exacerbado encontravam na sociedade de então.

[42] Sobre o universo simbólico e o imaginário das marchas, ver Presot (2004).
[43] Gellately, 2002, p. 14.

Interessa também analisar de que forma esses grupos sociais que nitidamente apoiaram o golpe e legitimaram a consolidação do regime civil-militar lidam — decorridos mais de 40 anos — com essas questões diante de uma sociedade que, para absolver-se de qualquer relação com os governos militares, tenderam a silenciar sobre a importância do tipo de ação desenvolvida por esses setores. Em outras palavras, trata-se de analisar as especificidades da construção de uma memória das direitas, a qual também procura recusar maiores proximidades com os militares, relativizando sua atuação junto ao Estado sem recusar a essência de sua militância, qual seja, a luta contra o comunismo e contra o trabalhismo, representado à época principalmente pelo presidente deposto, João Goulart.

1

SOU NETA, SOBRINHA, IRMÃ E MULHER DE GENERAL. MAS O RESTO DA FAMÍLIA É DE ADVOGADOS. TODOS SÃO CATÓLICOS, MAS EU SOU MAIS QUE OS OUTROS PORQUE SOU DA ORDEM TERCEIRA DE SÃO FRANCISCO. ESTE FOI O MELHOR NEGÓCIO QUE FIZ NA MINHA VIDA, ENTRAR PARA A ORDEM. [...] A CAMDE FOI FUNDADA AQUI NESTA CASA QUE VOCÊ ESTÁ VENDO, AQUI NESTA SALA. MEU IRMÃO, ANTÔNIO DE MENDONÇA MOLINA, VINHA HÁ MUITO TEMPO TRABALHANDO NO SERVIÇO SECRETO DO EXÉRCITO CONTRA OS COMUNISTAS. MAS EU NUNCA ACREDITEI MUITO NISSO NÃO. [...]

A NOSSA SEDE SEMPRE FOI ALI, NA CASA DE NOSSA SENHORA DA PAZ. ALIÁS, O VIGÁRIO DALI FOI UM DOS QUE ME CONVENCERAM A FUNDAR A CAMDE. É O FREI LEOVIGILDO. NÓS NOS SENTIMOS MUITO BEM ALI, PORQUE ESTAMOS NA CASA DE NOSSA SENHORA DA PAZ, ISTO É, NÃO ESTAMOS DENTRO DA IGREJA, NÃO TEMOS NADA COM A IGREJA. NÓS NOS SENTIMOS BEM PORQUE ESTAMOS ASSIM NUM AMBIENTE BOM, NÃO É? [...]

EU NÃO SOU A FAVOR DO DIVÓRCIO PORQUE CONSIDERO O MATRIMÔNIO UM SACRAMENTO. QUEM O INSTITUIU FOI CRISTO. OS MINISTROS DO SACRAMENTO SÃO OS PRÓPRIOS CÔNJUGES, QUE VÃO CONSTRUIR UMA FAMÍLIA, QUE SERÁ UM FUTURO DE RENÚNCIAS, DE ALEGRIAS E TRISTEZAS. [...] EU ACHO QUE A ORDEM NATURAL DAS COISAS AINDA É AQUELA QUE NÓS TÍNHAMOS NO BRASIL, DO NAMORO E NOIVADO. EU ACHO QUE ISSO FAZ SIM UMA PREPARAÇÃO MAIS ESPIRITUAL.

"D. Amélia Molina Bastos ou como e onde marcha a Camde". Entrevista concedida a Stella M. Senra Pollanah e publicada na revista feminina *Livro de Cabeceira da Mulher* (1967).

1
A mulher brasileira está nas trincheiras[44]

ENTÃO HAVIA UMA COISA MUITO DIVIDIDA, MUITO DICOTÔMICA, DIGAMOS ASSIM. HAVIA O BEM E HAVIA O MAL, NÍTIDOS.
Trecho do depoimento de Ziraldo no filme *Simonal, ninguém sabe o duro que dei*, 2009

TUDO É SEMPRE TERRIVELMENTE COMPLICADO, NO QUE TOCA AO HOMEM, AOS SEUS SONHOS, ÀS SUAS IDEIAS, ÀS SUAS PAIXÕES – E, FINALMENTE, ÀS SUAS ATIVIDADES.[45]
Lucien Febvre, no prefácio para o livro *Les idées politiques et sociales de la Résistance*, Michel e Mirkine-Guetzévitch,1954

O golpe civil-militar que derrubou o presidente João Goulart em 31 de março de 1964 marcou o início de 21 anos de ditadura no Brasil. Arquitetado por entidades diversas da sociedade civil e pelas Forças Armadas, que o efetivaram, instaurou o regime *dos militares* no país e entrou para a história como um dos períodos de maior autoritarismo e violência praticados pelo Estado contra a sociedade: o aparelho repressivo poderoso e a eficiência da propaganda teriam sido capazes de calar e manipular a sociedade. Esta, sempre que podia, manifestava pelos canais que lhe eram possíveis sua repulsa ao regime. O texto introdutório do livro *Direito à memória e à verdade*, lançado em 2007 pela

[44] Título da matéria de primeira capa de *O Globo*, em julho de 1962, sobre o lançamento da Camde.

[45] Tradução livre de: *"Tout est toujours affreusement compliqué de ce qui touche à l'homme, à ses rêves, à ses idées, à ses passions – et finalement à ses activités"*

Comissão Especial sobre Mortos e Desaparecidos Políticos da Secretaria Especial dos Direitos Humanos da Presidência da República, por exemplo, é categórico ao afirmar que "ao longo dos 21 anos de regime de exceção, em nenhum momento a sociedade brasileira deixou de manifestar seu sentimento de oposição, pelos mais diversos canais e com diferentes níveis de força".[46]

Assim, recupera-se como memória coletiva a sociedade em posição de resistência ao regime, este, por sua vez, implantado por obra dos militares, sem que a sociedade tivesse qualquer participação no rumo dos acontecimentos. De acordo com Daniel Aarão Reis Filho, durante o processo de abertura política prevaleceu como memória coletiva uma interpretação a respeito da ditadura segundo a qual a sociedade desde sempre resistiu ao regime. Da mesma forma, a academia tendeu também a privilegiar como objeto os grupos sociais que *resistiram* ao regime, relegando ao silêncio as manifestações de apoio e o consentimento de expressivas parcelas da sociedade. Nesse sentido, Denise Rollemberg nos chama a atenção:

> Hoje, quando já existe uma vasta bibliografia a respeito da ditadura, parece fundamental que se tornem objetos de estudo os movimentos, as instituições, as manifestações, etc. que respaldaram o regime, desconstruindo uma memória da resistência, não raramente mitificada.[47]

Embora os mecanismos coercitivos sejam, pois, parte fundamental para a sustentação de um regime, é difícil compreender como uma *ditadura militar* tenha-se mantido por 21 anos unicamente recorrendo à repressão e à *manipulação.* É preciso buscar os elementos de identificação entre governo e sociedade, compreender os mecanismos através dos quais foi estabelecido um diálogo entre as partes. Faz-se necessário também analisar a cultura política de importantes segmentos sociais comprometidos, em alguns ou em diversos momentos, com a instauração e a preservação do regime, bem

---

[46] Comissão Especial sobre Mortos e Desaparecidos Políticos, 2007, p. 23.

[47] Rollemberg, 2008.

como entender em que termos se deu a construção de um consenso social que possibilitou à ditadura se manter no poder, e mais: é preciso que se compreenda o consenso sob seu aspecto diverso, abrangendo "o apoio ativo, a simpatia acolhedora, a neutralidade benévola, a indiferença ou, no limite, a sensação de absoluta impotência". Tais comportamentos "são matizes bem diferenciados [...], mas concorrem todos, em dado momento, para a sustentação de um regime político, ou para o enfraquecimento de uma eventual luta contra o mesmo".[48] Dessa forma, podemos recuperar a complexidade dos comportamentos sociais sob regimes ditatoriais.

Levando-se em conta, portanto, aspectos como a importância da compreensão do consenso erguido em torno da ditadura civil-militar, bem como a cultura política de determinados segmentos sociais brasileiros, as quais são permeadas por elementos bastante autoritários, esse trabalho pretende analisar o comportamento coletivo de um grupo social bem delimitado, qual seja, o "apoio ativo" de mulheres das classes médias e altas cariocas ao golpe e ao regime civil-militar implantado em 1964.

As mulheres de que trata esse trabalho se organizaram em 1962, numa entidade chamada Campanha da Mulher pela Democracia (Camde), associação caracterizada pela formulação de um discurso eminentemente anticomunista e que se autodefinia como "apartidária" e comprometida com a "defesa da democracia", sustentada primordialmente pela "luta contra o comunismo e qualquer outro regime de força".[49]

A organização da Camde não foi um caso isolado. No início da década de 1960, por todo o país surgiam entidades cívicas femininas que, se apresentando publicamente como *mães, esposas* e *donas de casa,* investiam-se de forte retórica conservadora e anticomunista com o objetivo de "alertar a opinião pública para a pressão que as famílias brasileiras estavam sofrendo e ao mesmo tempo revigorar princípios e ideais sempre defendidos no

---

[48] Aarão Reis Filho, 2008.

[49] Fundo Campanha da Mulher pela Democracia. (Arquivo Nacional/Codes. Documentos Privados. Código PE. Caixa 38. Pasta 1.) Recorte de jornal: "Mulheres vão às ruas lutar pelo Regime". *Diário de Notícias*, 22 abr. 1964, Primeira Seção, p. 9.

Brasil cristão e democrático", uma vez que, naquele momento, as mulheres estavam "como todos os brasileiros, atônitas com a renúncia de Jânio Quadros, a sucessão e o parlamentarismo com João Goulart [...]".[50]

Assim, o primeiro grupo a se articular foi a União Cívica Feminina de São Paulo (UCF/SP).[51] Embora as primeiras reuniões do grupo datem ainda de fins de 1961, as mulheres de São Paulo somente se organizaram como entidade cívica em fevereiro de 1962.[52] Em inícios de 1964, surgiram a Liga da Mulher Democrática (Limde) em Belo Horizonte e a Cruzada Democrática Feminina (CDF) no Recife e, nas vésperas do golpe, em 30 de março, foi fundada em Porto Alegre, sob orientação da UCF, a Ação Democrática Feminina Gaúcha (ADFG).[53] A Camde foi o segundo grupo a se organizar, logo após a UCF, em junho de 1962.

Criada, pois, no contexto de radicalização das posições políticas durante o governo Goulart, a Camde militou por cerca de uma década a partir de duas linhas de ação: "uma de esclarecimento do meio feminino" através da organização de cursos e palestras, por exemplo; e outra de "movimento da opinião pública". Essas ações visavam a mobilizar a população para pressionar o governo, organizando protestos, passeatas, enviando cartas e telegramas ao Congresso.[54]

Ao longo dos 10 anos nos quais a Camde exerceu suas atividades públicas, podemos distinguir pelo menos três contextos diferentes que definiram de modo direto a forma de organização e execução das ações da associação: o primeiro referente à conjuntura do governo João Goulart, compreendendo o intervalo de tempo existente entre o momento da fundação da enti-

---

[50] Discurso proferido por Maria Paula da Silva Caetano, por ocasião da comemoração do 30º aniversário da União Cívica Feminina de São Paulo. Documento mimeografado, sem data, do arquivo particular da oradora, p. 2-3.

[51] Sobre a UCF de São Paulo, cf. Sestini (2008).

[52] Discurso proferido por Maria Paula da Silva Caetano, por ocasião da comemoração do 30º aniversário da União Cívica Feminina de São Paulo. Documento mimeografado, sem data, do arquivo particular da oradora, p. 3.

[53] Sobre os diversos grupos femininos pelo Brasil, cf. Simões (1985:28-35).

[54] Fundo Campanha da Mulher pela Democracia. (Arquivo Nacional/Codes. Documentos Privados. Código PE. Caixa 40. Pasta 4.) Histórico da Campanha da Mulher em Defesa da Democracia, p. 3 (ms.).

dade, em junho de 1962, e o início do mês de março de 1964. Neste período teve início a polarização das posições políticas dos atores envolvidos nas lutas pela realização ou não das reformas de base, o que levou à radicalização dos movimentos sociais organizados, especialmente das direitas. O segundo momento refere-se ao contexto relativo à intervenção militar propriamente dita, na qual a ação dos grupos femininos e, neste caso específico, a Camde teve papel central nas manifestações de apoio à intervenção militar que então se efetivava, o que podemos perceber através das Marchas da Família com Deus pela Liberdade, organizadas pelos grupos femininos em todo o país. Por fim, cabe verificar como este discurso se estruturou no contexto dos governos militares e do gradual fechamento do regime até o encerramento das atividades da associação, em 1974.

Este capítulo, de forma geral, tratará exatamente disso: das formas de organização política, bem como das ações desenvolvidas pelas mulheres agrupadas na Camde nos diferentes momentos de sua trajetória, enfatizando alguns dos principais elementos que compunham seu discurso. Trata-se de conhecer melhor a história da entidade e seus atores políticos, para assim compreender o sentido da oposição ao governo reformista de Jango e, em seguida, a adesão dessas mulheres, primeiro ao golpe e depois ao regime civil-militar. Sob este aspecto, recuperar a trajetória de grupos como a Camde torna-se fundamental para melhor compreender a ditadura civil-militar como um processo de construção social, tornando mais complexa a lógica da manipulação e coerção, chamando a atenção também para o universo simbólico que fazia com que determinados grupos se identificassem com certos valores e militassem em sua defesa.

A fundação da Camde e o contexto do governo João Goulart (1962-64)

> Pelos meiados [*sic*] do ano de 1962, o panorama político brasileiro apresentava uma visão extremamente sombria. O sr. Jânio Quadros havia renunciado à

> presidência da República a 25 de agosto de 1961. O vice-presidente sr. João Belchior Marques Goulart deveria, de acordo com a Constituição, assumir o poder. Os ministros militares, cientes de declarações suas na China comunista, receavam entregar-lhe o governo. O povo, entretanto, ignorando talvez essas suas declarações [...], optou pelo seu direito de ocupar o cargo máximo da nação e o sr. Goulart foi empossado na presidência. Bem cedo o governo começou a sofrer as consequências da infiltração comunista em todos os seus setores. E o povo democrata sentiu a urgência de uma reação em tempo útil.[55]

É assim que o Histórico da Camde, datado de 1967, relembra o cenário político no qual a associação foi fundada. Trata-se de um momento "sombrio", no qual o povo, *ignorante* das atitudes do futuro presidente, optou por sua posse. Esse mesmo povo "democrata", colocando-se contra a infiltração comunista no governo, "reagiu" e tirou João Goulart da presidência.

Assim, no dia 12 de junho de 1962, Amélia Molina Bastos, professora primária aposentada, reuniu em sua casa no bairro de Ipanema "alguns vizinhos". Ao todo 22 famílias e, segundo a própria dona Amélia, a reunião era "parte de um trabalho meu para a paróquia de Nossa Senhora da Paz; visitava os vizinhos, tentava descobrir seus problemas e os ajudava no que podia. Era um meio de levá-los a frequentar a missa e aproximá-los da Igreja".[56]

A essa reunião do dia 12 compareceram, além das famílias vizinhas, o general Antonio de Mendonça Molina, irmão de dona Amélia e o engenheiro e economista Glycon de Paiva, vizinho de dona Amélia.[57] Estes eram descritos pelo histórico da associação como integrantes de um "mo-

---

55 Fundo Campanha da Mulher pela Democracia. (Arquivo Nacional/Codes. Documentos Privados. Código PE. Caixa 40. Pasta 4.) Histórico da Campanha da Mulher em Defesa da Democracia, p. 1 (ms.).

56 Entrevista concedida a Stella M. Senra Pollanah sob o título "D. Amélia Molina Bastos ou como e onde marcha a Camde", publicada em *Livro de Cabeceira da Mulher* (1967:60).

57 Fundo Campanha da Mulher pela Democracia. (Arquivo Nacional/Codes. Documentos Privados. Código PE. Caixa 40. Pasta 4.) Histórico da Campanha da Mulher em Defesa da Democracia, p. 1 (ms.).

vimento de âmbito nacional em prol da democracia", leia-se, como membros do Instituto de Pesquisa e Estudos Sociais (Ipês).[58] Também compareceu o frei Leovigildo Balestieri, pároco de Ipanema o qual, segundo relato de Amélia Bastos, "trazia aquelas fichas da Alef [Aliança Eleitoral pela Família], para que nós nos comprometêssemos e para que eu as espalhasse entre os vizinhos. Depois, perto da eleição o Cardeal diria os nomes que podiam ser eleitos".[59] Criada em 1961, a Alef tinha por objetivo "indicar aos fiéis os candidatos cujos projetos estivessem em consonância com as posturas defendidas pela Igreja".[60]

O frei Leovigildo explicava, então, às mulheres que "a coisa está muito preta",[61] e declarava "convicto": "Esta é a terrível situação e os homens não podem fazer nada, porque estão fracassados. Mas a mulher pode, é uma força nova, de grande influência que, se quizer, [*sic*] ainda salvará o país".[62]

Foi então que dona Amélia, "profundamente impressionada pelas declarações dos três senhores, teve uma visão clara do perigo que ameaçava nossa pátria":[63] "Eu, como sou muito católica, pensei logo, comunismo-ateísmo. Então eu tenho de defender a Igreja".[64] No dia seguinte a essa reunião, um grupo de cerca de 30 senhoras lideradas por Amélia Bastos dirigiu-se à

[58] Fundo Instituto de Pesquisa e Estudos Sociais. (Arquivo Nacional/Codes. Documentos privados. Código QL. Caixa 25. Pacote 2.) Lista de sócios-fundadores. Estatutos do Ipês/GB, p. 20. O nome do general Molina não se encontra nas listas de sócios do Ipês, no entanto ele é citado não apenas no histórico, mas em outros documentos da Camde como integrante deste grupo. Na entrevista concedida por Amélia Bastos para a revista *Livro de Cabeceira da Mulher*, ela explica que seu irmão trabalhava, na época da fundação da Camde, no Serviço Secreto do Exército. Cf. entrevista citada e publicada em *Livro de Cabeceira da Mulher*, ano I, v. 5, 1967, p. 160.

[59] Entrevista concedida a Stella M. Senra Pollanah sob o título "D. Amélia Molina Bastos ou como e onde marcha a Camde", publicada em *Livro de Cabeceira da Mulher* (1967:160).

[60] Presot, 2004, p. 44.

[61] Ibid.

[62] Fundo Campanha da Mulher pela Democracia. (Arquivo Nacional/Codes. Documentos Privados. Código PE. Caixa 40. Pasta 4.) Histórico da Campanha da Mulher em Defesa da Democracia, p. 2 (ms.).

[63] Ibid.

[64] Entrevista concedida a Stella M. Senra Pollanah sob o título "D. Amélia Molina Bastos ou como e onde marcha a Camde", publicada em *Livro de Cabeceira da Mulher* (1967:161).

sede do jornal *O Globo* para entregar um manifesto intitulado Protesto Feminino contra a indicação do então ministro das Relações Exteriores, San Tiago Dantas, para o cargo de primeiro-ministro do governo Goulart.

San Tiago Dantas, era, à época, um político de peso do Partido Trabalhista Brasileiro (PTB) e da centro-esquerda nacional. Filiou-se ao partido em 1955 e, desde então, vinculou-se ao grupo janguista. Ângela Gomes explica que, durante a administração de Goulart, seu discurso pautou-se pela defesa da ordem institucional no país como forma de acesso à democracia, além de colocar-se a favor da realização das reformas de base como caminho para evitar que extremismos de qualquer natureza ameaçassem a ordem democrática. Apesar do tom moderado de suas posições políticas, era visto com desconfiança, tanto por parte da esquerda como pelas direitas. Ainda segundo a historiadora, justamente no momento em que San Tiago Dantas mais se projetou na vida política nacional, mais ficava na contramão dos movimentos que ascendiam e dominavam o curso dos acontecimentos,[65] em geral pouco preocupados "com a moderação", bem como com a preservação da ordem constitucional.

No manifesto, as mulheres acusavam o ministro de ser "fator de escravidão nacional" e conclamavam as outras associações femininas espalhadas pelo país a se juntarem a elas em seu protesto, constituindo "um movimento preservador de um clima de liberdade pessoal, dentro do qual sempre temos resolvido nossos problemas nacionais".[66] A Camde já surgia, portanto, engajada na luta contra o governo Goulart e uma suposta ameaça comunista. As posições reformistas de San Tiago Dantas, decerto, desagradavam àquela incipiente entidade. Fundada sob preceitos fortemente anticomunistas, associavam as reformas de base à "infiltração de ideologias estranhas" no país.

Não obstante esta primeira manifestação pública da Camde, seu lançamento oficial somente ocorreria um mês depois da reunião na casa de

---

[65] Gomes, 1994, p. 213-214

[66] Protesto Feminino apud Simões (1985:69).

Amélia Bastos, em 11 de julho de 1962 no auditório do jornal *O Globo*, no Rio de Janeiro, que lhes foi oferecido pelo próprio diretor do periódico, Rogério Marinho.[67] A reunião foi assunto de destaque no jornal, que noticiava como objetivo das mulheres "debater a situação nacional e condenar com energia a política exterior imposta ao Itamaraty, o reatamento de relações com a União Soviética e a infiltração comunista nos meios operários, políticos e estudantis".[68]

Interessante chamar a atenção para o destaque que a Camde recebeu nas páginas de *O Globo* no momento de sua fundação, quando foi anunciada na primeira página sob o título "A mulher brasileira está nas trincheiras".[69] Sem ignorar o relevo com o qual as ações do grupo foram divulgadas por outros jornais da chamada grande imprensa, deve-se lembrar, no caso de *O Globo*, que não foi apenas no momento do surgimento da Camde que o jornal deu destaque às ações desenvolvidas pela associação. Se observarmos os manifestos divulgados na imprensa brasileira por esta entidade entre 1964 e 1969,[70] veremos que a quase totalidade deles foi publicada neste periódico, dando ampla cobertura às ações empreendidas pela Camde.

Sobre a reunião das mulheres no auditório de *O Globo*, ex-diretoras da entidade explicavam os pormenores da organização da manifestação:

> A Amelinha e a Lúcia Jobim telefonaram para o Rogério Marinho que era de *O Globo*, por um acaso também muito amigo nosso, né? De nós todas [...] O Rogério e a Bebete, mulher dele que é amiga minha, me telefonaram. Eu com minha irmã também, aí nós fomos nos formando.[71]

---

67 Fundo Campanha da Mulher pela Democracia. (Arquivo Nacional/Codes. Documentos Privados. Código PE. Caixa 40. Pasta 4.) Histórico da Campanha da Mulher em Defesa da Democracia, p. 2 (ms.).

68 "A mulher brasileira está nas trincheiras". *O Globo,* 12 jul. 1962, p. 2.

69 Ibid.

70 Fundo Campanha da Mulher pela Democracia. (Arquivo Nacional/Codes. Documentos Privados. Código PE. Caixa 38. Pasta 1.)

71 Entrevista concedida à autora por três ex-diretoras da Camde que solicitaram anonimato. Rio de Janeiro, 12 set. 2006.

É importante mencionar, sobretudo por se tratar de um trabalho no qual um dos objetivos é compreender o apoio da sociedade civil ao golpe e à ditadura, as estreitas relações existentes entre o jornal *O Globo* e as mulheres da Camde, relações pessoais, inclusive. Citado outras vezes nas entrevistas realizadas, no caso do trecho acima temos uma boa medida da proximidade das relações estabelecidas entre o periódico e a entidade. Mais que isso, podemos perceber o comprometimento do jornal contra o governo Goulart e com as mulheres daquele grupo. Além disso, é importante mencioná-lo como um dos periódicos que não apenas apoiou a intervenção militar em 1964 como também executou eficiente campanha de mobilização contra o governo Goulart.

De modo geral, um bom contato com a imprensa possuía importância fundamental para o sucesso das manifestações destas entidades, como explica a *ex-diretora de divulgação* da Camde:

> Eles [os comunistas] tinham conhecimento nosso porque eles estavam infiltrados em todos os setores do Rio de Janeiro. Era Exército, Marinha, Aeronáutica e também se infiltravam nos jornais. Então, o perigo justamente de você entrar nos jornais era de você "pegar" um [jornalista] comunista. E eu então, como conhecia o Rogério [Marinho], ele me indicava as pessoas que eu devia procurar dentro dos jornais. Aquele que era do *Jornal do Brasil*, o Nascimento Silva [...] ele nos recebia muito bem, mas eu preferia sempre entrar "por baixo", não com eles lá em cima, mas entrar com jornalistas. Sabe, eu dava preferência a não ocupar também uma pessoa importante como ele era. Mas eles [diretores dos jornais] tinham sempre conhecimento e eles nos chamavam [...] E nós íamos também nos infiltrando nos jornais para dizer o que ia acontecendo.[72]

Assim, alguns órgãos da imprensa funcionaram como verdadeiros porta-vozes das manifestações de entidades como a Camde, o mesmo valendo

[72] Entrevista concedida à autora por três ex-diretoras da Camde que solicitaram anonimato. Rio de Janeiro, 12 set. 2006.

para outros grupos femininos do Brasil, como foi o caso das relações entre a UCF e o jornal *O Estado de S. Paulo*. Uma das associadas da UCF afirmava: "Tudo o que você vai ouvir de nós, o único jornal que registrava da maneira como você vai ouvir de nós era o *Estadão*. A *Folha* naquele tempo era mais ou menos. No Rio era *O Globo* e *A Tribuna*".[73]

Em suma, a estreiteza das relações entre os grupos femininos e os jornais da grande imprensa ajuda-nos a situar socialmente os grupos femininos, ou pelo menos as suas lideranças: eram mulheres que possuíam ligações pessoais com os diretores de jornais, compartilhavam não apenas o mesmo *meio social e material* como também o mesmo universo simbólico — as posições políticas e sociais fortemente conservadoras e elitistas e, sobretudo, o forte sentimento anticomunista. Havia nessa relação "pessoal", portanto, uma identidade de cultura política.

Todavia, ainda que possamos identificar as lideranças dos grupos femininos e, particularmente, as líderes da Camde como um grupo muito bem delimitado, pertencentes às elites da Zona Sul carioca, não se pode desconsiderar o poder de abrangência do discurso dessas mulheres. Colocando-se como *mães* e falando em nome da *mulher brasileira*, seus clamores mobilizavam sentimentos e apelavam a tradições que não se restringiam às elites brasileiras. O medo de que o comunismo destruísse a família, a pátria e a Igreja era real e partilhado pelos mais diversos setores da população.

Assim, após a fundação do núcleo central da Camde, em Ipanema, foram aparecendo núcleos da entidade por bairro, extrapolando os limites da Zona Sul: Santo Cristo, Botafogo, Tijuca,[74] Méier, Santana, Ilha do Governador e Rocinha. Algumas cidades espalhadas pelo país também possuíam nú-

---

[73] Entrevista concedida à autora por Maria Paula da Silva Caetano. São Paulo, 17 maio 2007.

[74] Há que se destacar que o núcleo Tijuca — juntamente com o de Ipanema, onde a Camde nasceu — foi um dos mais atuantes, tendo desempenhado papel importante em muitas ocasiões da história da entidade. Como veremos, após as eleições estaduais de 1965 e a realização de eleições internas na associação, esta sofreu um "racha", consequência da insatisfação das mulheres do núcleo Tijuca com determinadas posturas da diretoria, então composta especialmente pelas fundadoras do núcleo Ipanema.

cleos da Camde: no estado do Rio de Janeiro, cidades como Niterói (à época capital do estado) e Petrópolis; Florianópolis em Santa Catarina; e Juiz de Fora, Araxá, Uberaba e Itajubá em Minas Gerais.[75]

O caso do núcleo da favela da Rocinha possui particularidades, pois ele foi criado com a finalidade de "instruir" a população sob os mais diversos aspectos. Ali, a Camde organizou, sob a liderança da *diretora de obras sociais* do núcleo de Ipanema, cursos que atendessem à população local, sobretudo às mulheres e crianças. Depois de 1964, com o apoio do Senai, conseguiram um espaço para ministrar cursos de ladrilheiro para os meninos e de corte e costura para as meninas.

> Ao mesmo tempo em que [íamos] conscientizando as pessoas dos direitos e deveres da cidadania. [...] E educávamos: como usar o banheiro, o chuveiro, essas coisas. Como falar uns com os outros; em dias de festa esperavam até a gente dizer "podem começar a comer", não era aquele avanço. [76]

A especificidade do caso do núcleo da Rocinha deve nos deixar atentos para um aspecto fundamental que compõe a cultura política de segmentos sociais conservadores da sociedade brasileira àquela época: o elitismo de suas posturas, pode-se dizer mesmo um elitismo *udenista*[77] e que fazia com que algumas mulheres sentissem o dever de *instruir* social e politicamente os mais pobres, de *prepará-los* para exercer a cidadania. Em abril de 1965, por exemplo, quando a Marcha da Família com Deus pela Liberdade do Rio de Janeiro completava um ano, a Camde distribuiu alimentos em comunidades carentes da cidade em uma parceria com a Cruz Vermelha americana e brasileira, numa campanha que ficou conhecida como Alimentos para a Paz.[78] Sobre este episódio, bem como sobre o trabalho da Camde nas fave-

---

[75] Simões, 1985, p. 32.

[76] Entrevista concedida à autora por uma associada que solicitou anonimato. Rio de Janeiro, 29 ago. 2006.

[77] Sobre o elitismo como um dos componentes da identidade da UDN como partido, cf. Benevides (1981).

[78] Fundo Campanha da Mulher pela Democracia. (Arquivo Nacional/Codes. Docu-

las, Eudoxia Ribeiro Dantas, uma das diretoras da associação, esclarecia aos jornais que não se tratava de uma ação "paternalista, ou de assistência social": "Por enquanto estamos distribuindo alimentos ao povo porque ele é muito pobre, sua situação é angustiante. Mas a Camde foi criada para esclarecer ao brasileiro de que seu ideal é uma democracia fortalecida".[79] Do que se observa não apenas a importância que o *dever de instruir* possuía para as mulheres, como também que a *preparação* do *povo* para a cidadania possuía um sentido muito peculiar: consistia em "participar" num regime de "democracia fortalecida", como o que as mulheres julgavam ter sido estabelecido pelo golpe em 1964 e que elas então comemoravam no aniversário de um ano da Marcha da Vitória.

É, portanto, partindo do entendimento do elitismo das posturas dessa associação como um traço de sua cultura política que podemos compreender melhor as ações desenvolvidas junto às comunidades mais pobres da cidade. No entanto, isso não significa afirmar que a presença dessas mulheres era sentida pelas comunidades como uma *imposição* ou ainda que, no pós-1964, essas ações relacionadas às favelas possuíssem o único objetivo de "angariar o apoio de favelados para o novo regime".[80] Ao contrário, é preciso entender a assistência às comunidades mais carentes como parte do projeto político proposto por essas mulheres. Além disso, é preciso que se compreenda o trabalho desenvolvido na Rocinha, por exemplo, como uma via de mão dupla. A Camde desenvolveu atividades ali por cerca de 10 anos, tendo iniciado antes de 1964. É simplificador, pois, compreender esse trabalho sem ter em vista a boa recepção dele por parte da comunidade, a boa acolhida não apenas dos trabalhos sociais, mas também das ideias políticas divulgadas eventualmente.

■ ■ ■

mentos Privados. Código PE. Caixa 40. Pasta 1.) Recorte de jornal: "Camde distribui alimentos no aniversário da Marcha da Família". *O Globo,* 3 abr. 1965.

79 *O Jornal*, 14 nov. 1965 apud Simões (1985:129).

80 Simões, 1985, p. 129.

Em 1962, ano de fundação da Camde, havia também eleições para a Câmara Federal, parte do Senado e para alguns estados da federação. Certamente as mulheres não ficaram alheias a esse cenário, e empreenderam importante campanha a favor de quem elas chamavam de "candidatos democratas". Aqui, além de recorrerem à imagem da nação como uma grande família, tornava-se visível a força do argumento anticomunista, quando procuravam opor diretamente democracia e socialismo. Ainda em agosto, as mulheres da Camde aproveitaram-se da comemoração do Dia dos Pais, no dia 12, e fizeram publicar em quase todos os jornais da Guanabara a fotografia de Pavlik Morosov, "alertando os pais brasileiros para o desvinculamento produzido pelo comunismo na família russa, onde o próprio filho trae [*sic*] o pai".[81]

De acordo com a Camde, portanto, o regime comunista teria efeitos tão devastadores sobre a unidade familiar a ponto de uma criança denunciar o próprio pai à repressão soviética. Dessa forma, se os pais não quisessem ter suas famílias destruídas pelo *espectro comunista,* deveriam tomar as providências necessárias para evitar que tal problema não acometesse também as famílias brasileiras. E, naquele momento, as providências consistiam em votar nos *candidatos democratas* nas eleições seguintes. É representativo também do tipo de mobilização promovida pelas mulheres o fato de terem feito publicar esta fotografia no Dia dos Pais, o que remete à relação indissociável que a Camde traçava entre público e privado, entre política e lar, entre pátria e família. Todavia, a atuação da entidade às vésperas das eleições não se restringiu à publicação da fotografia. À medida que o pleito se aproximava, suas ações também se intensificavam, e a poucos dias da eleição as mulheres da Camde distribuíram cerca de 80 mil folhetos com as seguintes frases: "Deus é a verdade; democracia é liberdade" e "Papai, vote num democrata, para que eu continue livre amanhã". Além disso, dois dias antes das eleições um cartaz de 4x6 m, ilustrado por um casal de

---

[81] Fundo Campanha da Mulher pela Democracia. (Arquivo Nacional/Codes. Documentos Privados. Código PE. Caixa 40. Pasta 4.) Histórico da Campanha da Mulher em Defesa da Democracia, p. 4 (ms.).

crianças, foi colocado na "parte mais central do Rio de Janeiro" com a segunda frase.[82]

No dia 5 de outubro, antevéspera das eleições, a Camde divulgava um manifesto no qual conclamava as mulheres cariocas a comparecerem às urnas para votar nos candidatos que assegurassem ao Rio de Janeiro e ao Brasil "dias de paz". Dizia o documento:

> A democracia está ameaçada pela campanha subversiva de seus inimigos. É necessário barrar-lhes o acesso ao poder e para isso só existe um caminho: o do voto concedido aos bons candidatos, àqueles que não compactuam com a desordem, com os totalitarismos, com a violência. Devem lembrar-se as mulheres brasileiras que o futuro de seus filhos, a segurança de seus lares, a sobrevivência das instituições estão em jogo. Que elas não deixem de cumprir a obrigação cívica de votar, pois cada abstenção aproveitaria os inimigos da democracia, que tudo farão para liquidá-la, se não forem vencidos agora.[83]

Nesse sentido, as mulheres da Camde desencadearam um tipo de ação eleitoral na qual elas dividiam os valores políticos, associando diretamente democracia e liberdade de um lado, e repressão e comunismo — ateu por excelência, nas representações das direitas anticomunistas[84] — de outro. Ao mesmo tempo, buscavam identificar os *bons candidatos*, ligando-os ao regime democrático e, em consequência, os *maus candidatos* eram associados ao comunismo.

No caso específico da conjuntura político-eleitoral da Guanabara, há que se destacar a disputa acirrada entre a UDN e o PTB, além da força política do governador Carlos Lacerda. Nas eleições de 1962 essa disputa

---

[82] Fundo Campanha da Mulher pela Democracia. (Arquivo Nacional/Codes. Documentos Privados. Código PE. Caixa 40. Pasta 4.) Histórico da Campanha da Mulher em Defesa da Democracia, p. 4 (ms.).

[83] "À mulher brasileira". *O Globo*, 5 out. 1962, p. 1.

[84] Sobre as representações do regime comunista pelas direitas anticomunistas, cf. Motta (2002).

entre a UDN lacerdista e o PTB intensificou-se ainda mais em virtude da eleição de Leonel Brizola para o cargo de deputado federal pela Guanabara.[85] E era visivelmente a Brizola que as dirigentes da Camde se referiam quando conclamavam as mulheres a votar contra os "inimigos da democracia". Em setembro, um mês antes das eleições, *O Globo* divulgava o seguinte memorial das "mulheres brasileiras" contra Brizola:

> Brasileiras de vários estados, que têm a felicidade de residir na terra carioca, protestam contra a atitude subversiva e o comportamento criminoso que o governador do Rio Grande do Sul, sr. Leonel Brizola vem desenvolvendo no Rio de Janeiro. Em sua pregação revolucionária, acirra ódios num país que não tem preconceitos de raça e religião, nem prevenções regionalistas, tem a audácia de conclamar as polícias militar e civil da Guanabara a não obedecer as ordens do seu governador; arvora-se em falar pelo povo sem poder fazê-lo; mente, intriga e procura ameaçar o Congresso [...].[86]

É necessário mencionar a importância destas eleições na conjuntura do governo Goulart, pois um bom desempenho dos partidos aliados ao governo significaria, naquele momento, um avanço em direção à realização das reformas de base. Assim, além de situar melhor as ações empreendidas pelos setores liberais-conservadores organizados socialmente, poderemos entender a importância das eleições no que tange à própria questão da governabilidade para Jango. Apesar da mobilização das direitas, nas eleições de 1962 o PTB aumentou significativamente a sua bancada no Congresso, que, de 66 deputados, passou a ser de 104. Todavia, a UDN e o PSD, jun-

---

[85] Cf. Benevides (1981:233).

[86] "Brasileiras de todos os estados condenam a atuação de Brizola". *O Globo*, 7 set. 1962. O manifesto não é assinado pela Camde, mas, pela forma como foi divulgado (uma comitiva de mulheres que se dirige à redação de *O Globo* para entregá-lo) e pelo *estilo* do documento, se parece muito com os manifestos redigidos e publicados por aquela entidade. Sobretudo porque, alguns dias depois, no dia 20 de setembro, a associação divulgou um manifesto, este sim assinado, no qual parabeniza o desembargador Homero Pinho pelos protestos contra a atuação de Brizola na Guanabara. Cf. "Apoio e aplauso da mulher brasileira a Homero Pinho". *O Globo*, 20 set. 1962.

tos, ainda obtinham a maioria das cadeiras: 54%. Ainda com relação às eleições para o Congresso, é interessante observar a votação expressiva obtida por Brizola na Guanabara.[87] Nos estados em que foram realizadas eleições, apesar da vitória significativa de Miguel Arraes em Pernambuco, as direitas elegeram Adhemar de Barros em São Paulo e Ildo Meneghetti no Rio Grande do Sul. Além disso, já governavam estados importantes, como Minas Gerais, com Magalhães Pinto, e a Guanabara, com Carlos Lacerda.[88] Em suma, apesar do crescimento considerável do PTB, que foi recebido com otimismo pelo presidente e pelas esquerdas em geral, a realização das reformas de base não estava garantida, tendo em vista que as direitas mantiveram sua preponderância política no Legislativo e em estados de grande peso político, econômico e eleitoral. Portanto, a atuação de grupos organizados da sociedade civil no contexto das eleições de 1962, entre eles a Camde, deve ser compreendida como forma de pressão em benefício dos interesses que defendiam.

Para além dos resultados das eleições, importa para este trabalho destacar o discurso utilizado nesta ocasião pela Camde, que de forma bastante maniqueísta proporcionava uma divisão entre democracia e comunismo, identificando, por vezes, os candidatos da base governista ao regime soviético. Nesse sentido, podiam levar adiante sua campanha contra a suposta comunização do país e contra o governo de João Goulart, visto como um político simpático às esquerdas e ao comunismo.

A conjuntura eleitoral de 1962 foi marcada também pelas discussões em torno da antecipação do plebiscito sobre o retorno ou não ao regime presidencialista. Em 1961, quando Jânio Quadros renunciou à presidência, a posse de João Goulart, vice-presidente eleito, somente foi viabilizada em decorrência de uma alteração na Constituição que previa a substituição do regime presidencialista pelo parlamentarista e a consequente limitação dos poderes presidenciais. É importante lembrar que, na ocasião, quando os ministros militares tentaram

[87] Ferreira, 2003, p. 360.

[88] Aarão Reis Filho, 2005, p. 25.

impedir a posse de Goulart, no Rio Grande do Sul, o então governador Leonel Brizola desencadeou uma campanha a favor da posse do vice-presidente.[89]

A emenda constitucional de 1961 que garantiu a posse de João Goulart, estabelecendo o parlamentarismo era, contudo, essencialmente já uma vitória dos setores liberais-conservadores, que, embora não tivessem conseguido impedir a posse, também não cederam às reivindicações da Rede da Legalidade liderada por Brizola. Esta mesma alteração na Constituição de 1946 previa um plebiscito — que deveria ser realizado no início do ano de 1965, quando terminaria o quinquênio iniciado por Jânio Quadros — para decidir sobre a continuação deste sistema de governo. Contudo, meses antes das eleições parlamentares de 1962, Jango propôs ao Congresso a antecipação do plebiscito, que poderia ser realizado simultaneamente às eleições, em outubro daquele ano. Paralelamente a esta questão, o primeiro-ministro Brochado da Rocha solicitava ao Congresso a concessão de poderes especiais que lhe permitiriam legislar por decreto.[90]

Diante deste quadro, "as mulheres brasileiras mobilizaram-se em defesa dos seus lares, ameaçados pela onda esquerdista".[91] Quatro associadas da Camde juntamente com duas integrantes da UCF de São Paulo foram a Brasília levando "30 mil cartas nas quais o povo pedia ao Congresso que não capitulasse, cedendo ao pedido de delegação de poderes pelo primeiro-ministro".[92] Além disso, pediam para que os deputados não aceitassem a antecipação do plebiscito. A comitiva foi recebida por deputados da UDN e do PSD, e entregou pessoalmente as cartas ao presidente da Câmara, deputado Ranieri Mazzilli, que disse que as cartas das mulheres confirmavam a "confiança nas instituições democráticas".[93]

---

89 Sobre a Rede da Legalidade, desencadeada por Brizola, cf. Ferreira (1997:149-182).

90 "Senhoras do Rio e de São Paulo contra o plebiscito e a delegação de poderes". *O Globo*, 8 ago. 1962, p. 1.

91 Ibid.

92 Fundo Campanha da Mulher pela Democracia. (Arquivo Nacional/Codes. Documentos Privados. Código PE. Caixa 40. Pasta 4.) Histórico da Campanha da Mulher em Defesa da Democracia, p. 3 (ms.).

93 "Senhoras do Rio e de São Paulo contra o plebiscito e a delegação de poderes". *O Globo*, 8 ago. 1962, p. 6.

O número de cartas que Camde e UCF conseguiram levar ao Congresso é muito representativo da capacidade de mobilização dessas associações. Solange de Deus Simões, que consultou também os boletins da UCF, registra que foram encaminhadas 60 mil cartas ao Congresso — e não 30 mil, como consta do Histórico da Camde e na matéria de *O Globo*.[94] Trinta ou 60 mil, ambos são números muito expressivos. Não obstante, o essencial desta mobilização está muito mais no conteúdo das cartas do que na sua quantidade levada a Brasília. Uma delas foi publicada por *O Globo* e procurava apelar à "consciência moral" dos deputados, justificando, assim, o voto contrário tanto ao plebiscito quanto ao pedido de Brochado da Rocha:

> Aturdida com os últimos acontecimentos que se vem desenrolando em nossa pátria, dirijo-me respeitosamente a Vossa Excelência, no sentido de apelar para vossa coragem. Acredito que Vossa Excelência tenha se lançado na vida pública por verdadeiro sentimento de patriotismo. Que esse sentimento, senhor deputado, se mantenha agora, em toda a sua plenitude através de uma negativa formal ao pedido de delegação de poderes e antecipação do plebiscito, pretendido pelo Conselho de Ministros. Agindo assim, Vossa Excelência merecerá o aplauso e o prestígio dessa imensa família brasileira que ora vive momentos de angustiosa expectativa.[95]

As cartas, assim como a manifestação em si, pretendiam-se *apartidárias*, porém eram, na definição do deputado Mendes Gonçalves, presidente em exercício da Ação Democrática Parlamentar (ADP), "ideológicas", visto que "a mulher brasileira está preocupada com o avanço das esquerdas no país, que representa sério perigo para os lares".[96] Portanto, sendo

[94] Simões, 1985, p. 71.

[95] "Senhoras do Rio e de São Paulo contra o plebiscito e a delegação de poderes". *O Globo*, 8 ago. 1962, p. 6.

[96] Ibid.

"ideológica" e não partidária, muito embora encontrasse franco apoio dos deputados da ADP — frente parlamentar que reunia políticos da UDN e do PSD —, a manifestação das mulheres buscava apelar, primeiramente, à *coragem* e ao *patriotismo* dos políticos. Estes eram elementos indispensáveis a quem se *lança à vida pública*. E terminava justificando que o pedido das mulheres se faz em nome da *família brasileira*, de quem elas, como *mães*, são guardiãs. Vale lembrar que o plebiscito não foi antecipado para outubro de 1962, como a princípio pretendia Goulart, mas sim para janeiro de 1963.

Este episódio é muito representativo do sentido das ações da Camde entre 1962 e 1964, qual seja, a mobilização da opinião pública para a causa anticomunista e, ainda que não explicitamente, contra o governo Goulart. De acordo com Heloísa Starling, os grupos femininos tentaram evitar o ataque direto ao presidente, procurando, talvez, preservar, sob o aspecto ideológico, a concepção de autoridade, do poder máximo da nação. Não obstante, esses mesmos grupos femininos apresentavam-se em *permanente vigilância* contra aqueles atos do governo nos quais poderia ser identificada *ação comunista*, que poderia acontecer tanto no momento das eleições, como no âmbito das relações externas ou internas.[97]

Enfim, onde pudesse haver sinais de *infiltração comunista*, as mulheres organizadas em grupos de pressão levavam seu protesto. Independentemente de o governo atender ou não a essas reivindicações, é importante notar como as direitas brasileiras, nos anos que precederam ao golpe civil-militar, estavam organizadas em torno de determinadas demandas e eram capazes de realizar feitos importantes e grandiosos — como, por exemplo, o envio de 30 mil cartas ao Congresso — em benefício dessas reivindicações. Assim, se entre 1962 e o início de 1964 a Camde e os demais grupos femininos procuraram evitar o ataque direto a João Goulart, em 1964, sobretudo nos dias que antecederam o golpe, suas ações tornaram-se mais combativas e declaradamente *contra* a administração janguista.

---

[97] Starling, 1986, p. 176-177.

A Marcha da Vitória e a formação do consenso em torno dos militares

> Convidamos às mulheres cariocas para uma manifestação cívica de fidelidade às liberdades democráticas que o comunismo tenta destruir em nosso país [...] *A hora da reação é nossa*, pois temos ainda, graças à democracia, o direito de falar e o respeito dos homens. [...] Defendamos nossos lares, defendamos nossa pátria. Já começamos a luta. Vamos lutar por um saneamento no Brasil, por uma vigilância cívica, *pois a nós é dada a grande responsabilidade de povoar com bons brasileiros a nossa querida pátria.* Que cada mulher seja um baluarte da democracia, uma defensora da liberdade e uma agente de Deus.[98] [grifos meus].

Este é o trecho do manifesto que, em 22 de março de 1964, a Camde fez publicar nos jornais, convocando as mulheres cariocas a se unirem às paulistas em uma manifestação contra a suposta infiltração comunista e em defesa das instituições e das "liberdades democráticas". Como o manifesto deixava claro, tratava-se de uma *reação*. Precisamente, uma *reação* contra o comício de João Goulart na Central do Brasil no dia 13 de março.

A realização do Comício das Reformas representava para o governo a tentativa de uma aliança com as esquerdas, especialmente o PCB e a ala radical do PTB, bem como com o movimento sindical urbano e rural, para, desta forma, viabilizar a realização das reformas de base.[99] Assim, no dia 13 Jango reuniu em seu palanque importantes lideranças trabalhistas, como Leonel Brizola e Miguel Arraes, além de ter levado à Central do Brasil aproximadamente 350 mil manifestantes,[100] entre sindicalistas, trabalhadores urbanos, rurais e estudantes. Em sua fala,

---

[98] Fundo Campanha da Mulher pela Democracia. (Arquivo Nacional/Codes. Documentos Privados. Código PE. Caixa 38. Pasta 1). Recorte de jornal: "Mulheres vão às ruas lutar pelo Regime". *Diário de Notícias*, 22 abr. 1964.

[99] Ferreira, 2003, p. 382.

[100] Aarão Reis Filho, 2005, p. 30.

Goulart defendeu a realização das reformas, afirmando que "o caminho das reformas é o caminho do progresso e da paz social",[101] e informou ao público que o assistia ter "acabado de assinar o decreto da Supra", pelo qual eram desapropriadas as terras em torno de rodovias, ferrovias e açudes públicos federais, bem como terras beneficiadas por obras de saneamento da União.[102] A assinatura do decreto da Supra foi recebida pelas esquerdas como um passo importante para a realização da reforma agrária. Aliás, de um modo geral, o comício como um todo foi bem recebido pelas esquerdas, que o interpretaram como uma opção do presidente pelo fim da política de conciliação e pela realização das reformas, *"na lei ou na marra"*.

Por outro lado, os setores das direitas organizadas receberam o Comício da Central com apreensão entendendo que, a partir de então, o presidente havia assumido uma aliança com as esquerdas e não mais hesitaria em romper com a legalidade constitucional para levar adiante seu programa reformista.

No caso dos grupos femininos, um trecho em particular do discurso de Jango os deixou especialmente alarmados. Dizia o presidente que

> Ameaça à democracia é empulhar o povo brasileiro, é explorar os seus sentimentos cristãos, na mistificação de uma indústria do anticomunismo [...] O cristianismo nunca foi o escudo para privilégios condenados para o Santo Padre, *nem também, brasileiros, os rosários podem ser levantados contra a vontade do povo,* que tem fé numa justiça social mais humana e na dignidade das suas esperanças. *Os rosários não podem ser erguidos contra aqueles que reclamam a discriminação da propriedade da terra,* hoje ainda em mãos de tão poucos, de tão pequena maioria[103] [grifos meus].

---

[101] Fico (2004:286). Discurso do presidente João Goulart no Comício da Central em 13 de março de 1964.

[102] Ibid.

[103] Ibid., p. 284.

A suposta "ofensa" de Goulart ao terço motivou os grupos femininos, primeiramente em São Paulo, mas depois em todo o país, a se articularem em um "movimento de desagravo ao rosário". A memória construída em torno das Marchas da Família com Deus pela Liberdade, ainda no calor dos acontecimentos, atribuía à Irmã Ana de Lurdes a "sugestão de um desagravo ao santo rosário",[104] o qual teria sido insultado pelas palavras do presidente:

> Foi então que a Irmã Ana de Lurdes (no século, Lucila Batista Pereira), entre magoada e exaltada, declarou que Goulart havia de ser castigado pela ofensa que fizera ao santo rosário; que não ficariam impunes as palavras irreverentes com que o chefe da nação se referira à grande arma da Igreja nas horas de perigo — o rosário de Nossa Senhora.[105]

Portanto, de um inicial movimento de desagravo ao rosário, nascia a Marcha da Família com Deus pela Liberdade, que entraria para a história como uma das maiores, senão a maior, manifestação representando "um pedido da sociedade civil às Forças Armadas para que realizassem uma intervenção 'moralizadora' das instituições, afastando do país o perigo comunista".[106] Ainda segundo o que teria sugerido a Irmã Ana de Lurdes,

> se apelarmos para a mulher brasileira, ela virá para a rua, com o seu terço na mão, e provocará uma demonstração irrespondível de que o nosso povo não quer o comunismo. O Brasil e o mundo poderão ver o que é autenticamente este povo, que se pretende fazer passar por comunista. O que há a fazer é convidar a mulher brasileira a manifestar-se, começando pela mulher paulista, que é a mãe do operário a quem por aí se chama comunista.[107]

[104] Cf. Matias [s.d.].
[105] "A marcha da família", por Mozart Monteiro. *O Globo*, 16 jun. 1964.
[106] Presot, 2004, p. 15.
[107] Cf. Matias [s.d.].

No dia 19 de março, dia de São José — padroeiro da família — uma multidão de 500 mil pessoas saiu às ruas de São Paulo para protestar contra o Comício da Central e as intenções de Jango de *comunizar o país*. O evento, organizado pelas militantes da UCF, reuniu 112 entidades civis do estado, além de delegações de outras regiões de todo o país.[108] Contou também com a presença de políticos expressivos, como Adhemar de Barros, Carlos Lacerda e Auro de Moura Andrade[109] e foi anunciado pela imprensa como um dos "momentos culminantes dos atos cívicos que estão sendo realizados pelas forças de resistência democrática em favor do regime e das liberdades ameaçadas pela pregação extremista".[110]

No Rio, é importante mencionar que, antes mesmo de se realizar o comício do dia 13, a Camde já se articulava no sentido de se manifestar contra a realização do evento: a diretoria da entidade convocou suas associadas e a população em geral para o seu próprio comício, realizado no dia 10 de março. Nele, a Camde protestava contra a legalização do Partido Comunista e contra o comício das reformas, sugerindo às manifestantes que, no dia 13, acendessem velas e estendessem toalhas brancas em suas janelas como forma de protestar contra a realização do Comício da Central. A manifestação reuniu 2 mil pessoas que atenderam ao pedido das mulheres no dia 13.[111]

A versão do que teria motivado a realização da marcha carioca, de acordo com o Histórico da Camde, inclusive, fora uma menção de Goulart, em seu discurso na Central do Brasil: o presidente teria dito que "o terço e a macumba (feitiçaria) da Zona Sul não teriam poder sobre ele".[112] Chama a atenção o fato de que, em momento algum de seu discurso, o presidente se referira às velas que as mulheres da Zona Sul do Rio de Janeiro colocaram

---

[108] Cf. Matias [s.d.].

[109] Fico, 2004a, p. 42.

[110] Fundo Campanha da Mulher pela Democracia. (Arquivo Nacional/Codes. Documentos Privados. Código PE. Caixa 41. Pasta 3.) Recorte de jornal: "São Paulo em peso vai tomar parte amanhã na 'Marcha da Liberdade'". *O Jornal*, 18 mar. 1964.

[111] Fundo Campanha da Mulher pela Democracia. (Arquivo Nacional/Codes. Documentos Privados. Código PE. Caixa 40. Pasta 4.) Histórico da Campanha da Mulher em Defesa da Democracia, p. 4 (ms.).

[112] Ibid., p. 6.

em suas janelas no dia 13. Ao contrário, a referência direta foi feita ao terço, provavelmente em razão de, dias antes, as mulheres mineiras o terem utilizado em uma manifestação contra Brizola.[113] Ou, ainda, poderia se tratar de uma referência à Cruzada do Rosário em Família, um movimento anticomunista internacional, fundado em 1945 pelo padre irlandês Patrick Peyton, e que seria considerado mais tarde, no Brasil, uma espécie de embrião das marchas. O padre Peyton esteve no país em 1962 rezando o terço e, segundo estimativas, teria conseguido reunir cerca de 1,5 milhão de pessoas no Rio de Janeiro;[114] preparava-se para voltar ainda em 1964.[115]

Poucos dias após a marcha paulista, como vimos no trecho do manifesto citado no início do tópico, a Camde começava a preparar a marcha carioca. Marcada para o dia 2 de abril, a ideia era, a princípio, "dar continuidade ao movimento em defesa da Constituição e da democracia iniciado em Belo Horizonte e em São Paulo".[116] No entanto, a marcha da Guanabara marcaria uma diferença com relação à primeira manifestação ocorrida em São Paulo e com as que se seguiram pelo interior do país depois do dia 19: com o desenrolar dos acontecimentos, a antecipação das tropas de Mourão Filho e a deposição de Goulart no dia 1º de abril, a marcha do dia 2 teria, então, um novo sentido. Tratava-se não mais de defender as instituições,

---

[113] Em finais de fevereiro de 1964, por ocasião de um comício que contaria com a presença de Brizola na Secretaria de Saúde da capital mineira, as mulheres da Limde organizaram uma manifestação na qual ocuparam maciçamente as cadeiras do auditório da secretaria, de onde gritavam *slogans* anticomunistas e antibrizolistas. Após a chegada de Brizola, a situação agravou-se: "de rosário em punho, as mulheres transformaram o palco em um 'altar' onde procediam à 'exorcização' de Brizola". O conflito tornou-se incontrolável quando os organizadores do evento resolveram, assim mesmo, ocupar a mesa do auditório, onde as manifestantes da Limde rezavam o terço. Essas reagiram com sombrinhas e cadeiras, dando início a um confronto que acabou se estendendo por toda a plateia e impedindo, de fato, que o comício acontecesse. Cf. Starling (1986:183).

[114] Cf. Presot (2004:22-23).

[115] Fundo Campanha da Mulher pela Democracia. (Arquivo Nacional/Codes. Documentos Privados. Código PE. Caixa 37. Pasta 15.) Recorte de jornal: "São Paulo rezou o rosário no Anhangabaú". *O Globo*, 14 ago. 1964.

[116] Fundo Campanha da Mulher pela Democracia. (Arquivo Nacional/Codes. Documentos Privados. Código PE. Caixa 41. Pasta 3.) Recorte de jornal: "A mulher carioca prepara a 'Marcha da Família': no dia 2 da Candelária à Esplanada". *O Globo*, 24 mar. 1964.

mas de *comemorar* a intervenção militar, "salvadora" da pátria, da família e da religião. Era a Marcha da Vitória, que reuniu nas ruas do centro do Rio de Janeiro cerca de 1 milhão de pessoas.

As marchas entraram para a história como as mais grandiosas manifestações de apoio à intervenção militar, particularmente a da Guanabara, que foi a primeira que ocorreu após a queda de Jango. No dia seguinte à manifestação, a grande imprensa já noticiava o evento da seguinte forma: "Não existe em memória carioca lembrança de uma concentração popular das dimensões da marcha cívica de ontem. Nenhum acontecimento, nenhum fato, nenhuma emoção coletiva anterior provocou manifestação como essa marcha".[117]

E, de fato, a cidade parou em função do evento: "comércio, indústria e repartições públicas encerraram expediente às 14h30min para permitir maior afluência à marcha";[118] um esquema de transporte da população foi especialmente montado para a ocasião. A ideia era facilitar o acesso dos moradores dos subúrbios da cidade à igreja da Candelária, no Centro, de onde saiu a marcha;[119] no fim da concentração, foi oferecido transporte gratuito em ônibus e lotações aos manifestantes, por iniciativa do sindicato da classe;[120] nenhum cinema da cidade funcionou antes das 18h, com o objetivo de "colaborar para o sucesso da 'marcha'".[121] O *Diário de Notícias* listou 37 entidades que "convocaram [a população] para a marcha",

---

[117] Fundo Campanha da Mulher pela Democracia. (Arquivo Nacional/Codes. Documentos Privados. Código PE. Caixa 41. Pasta 3.) Recorte de jornal: "Imagem interna". *O Globo*, 3 abr. 1964.

[118] Fundo Campanha da Mulher pela Democracia. (Arquivo Nacional/Codes. Documentos Privados. Código PE. Caixa 41. Pasta 3.) Recorte de jornal: "Marcha da Família durou quatro horas". Jornal não identificado, 3 abr. 1964.

[119] Fundo Campanha da Mulher pela Democracia. (Arquivo Nacional/Codes. Documentos Privados. Código PE. Caixa 41. Pasta 3.) Recorte de jornal: "Marcha da Família: ônibus dos bairros". *Correio da Manhã*, 1 abr. 1964.

[120] Fundo Campanha da Mulher pela Democracia. (Arquivo Nacional/Codes. Documentos Privados. Código PE. Caixa 41. Pasta 3.) Recorte de jornal: "Marcha da Família durou quatro horas". Jornal não identificado, 3 abr. 1964.

[121] Fundo Campanha da Mulher pela Democracia. (Arquivo Nacional/Codes. Documentos Privados. Código PE. Caixa 41. Pasta 3.) Recorte de jornal: "A mulher carioca prepara a 'Marcha da Família': no dia 2 da Candelária à Esplanada". *O Globo*, 24 mar. 1964.

incluídas as entidades do estado do Rio de Janeiro e as de outros estados que enviaram representantes.[122] Os apoios à manifestação vinham dos mais diversos grupos sociais: o Sindicato dos Advogados, o Sindicato dos Trabalhadores na Construção Civil, as Congregações Marianas foram algumas das associações que prestaram sua solidariedade à "iniciativa da mulher brasileira".[123] Enfim, a cidade estava mobilizada com o único objetivo de comemorar a vitória "da Cruz e do Rosário" contra "a Foice e o Martelo".[124]

Quando iniciada a marcha, à sua frente estava o ex-presidente Eurico Gaspar Dutra, cercado pelas diretoras da Camde. Ao fim da passeata, Amélia Bastos foi uma das oradoras. Seu discurso dava bem a medida do sentido das manifestações dos grupos femininos antes do golpe e da manifestação do dia 2 de abril:

> Hoje a palavra da mulher brasileira não pode ser a mesma de ontem, quando era súplica, advertência e apelo. Súplica a Deus para que [...] sobre nós estendesse a graça da resistência ao egoísmo, ao desânimo e à desesperança. [...] Advertência aos enganados para não mais se deixarem enganar; aos cegos para que vissem a tempestade ensombrando os horizontes; aos surdos para que ouvissem o tropel da horda que se avizinhava da cidadela onde guardamos as nossas tradições e os puros sentimentos de cordialidade, tolerância e justiça, que singularizam essa grande e soberana nação. [...] Apelo ao sentimento de brasilidade autêntica e não ao nacionalismo sovietizado, para acordar diante do perigo que nos deformaria face ao mundo ocidental, arrastando-nos à barbárie do mesmo cativeiro onde agoniza o povo cubano. [...] A súplica, foi ouvida por Deus; a advertência, pelos homens e mulheres desta pátria livre e soberana; o apelo, atendido pela maioria dos cidadãos responsáveis e, acima

[122] Simões, 1985, p. 161-162, anexo G — Entidades que convocavam para a "Marcha da Família com Deus pela Liberdade" no Rio de Janeiro.

[123] Fundo Campanha da Mulher pela Democracia. (Arquivo Nacional/Codes. Documentos Privados. Código PE. Caixa 41. Pasta 3.) Recorte de jornal: "'Marcha da Família' empolga todos os setores da população". *O Globo*, 25 mar. 1964.

[124] "A marcha da família", por Mozart Monteiro. *O Globo*, 16 jun. 1964.

> de tudo e de todos, pelas classes armadas. Honra e glória aos nossos soldados [...] Esta é, pois, a hora da oração a Deus por haver inspirado as forças da terra, mar e ar, guardiãs do regime, da ordem e da paz nacional, ao cumprimento dos deveres que a Constituição lhes assinala.[125]

Assim, se entre 1962 e o início de 1964, o papel dos grupos femininos foi "suplicar, advertir e apelar" a favor da democracia e contra o comunismo — sendo que a marcha do dia 19 foi o ponto alto desses clamores; após o golpe cabia *comemorar* e agradecer às Forças Armadas pela "intervenção salvadora".

E, para tanto, foram às ruas 1 milhão de pessoas, entre as quais nomes de peso do cenário político nacional: o general Mourão Filho, por exemplo, ao subir no palanque saudou "o povo a que nós libertamos";[126] o governador Carlos Lacerda estava representado por sua esposa, Letícia Lacerda, que, segundo a reportagem da época, foi muito aplaudida no palanque, tendo-se emocionado diante dos *vivas* dados a Lacerda pela multidão.[127]

Na verdade, a Camde enviou convites pessoais a todas as esposas dos governadores de estado do país, além do convite enviado a Sara Kubitschek, mulher do ex-presidente Juscelino. E, embora no dia 25 de março *O Globo* já noticiasse as adesões de Letícia Lacerda, Sara Kubitschek e Leonor de Barros (mulher do governador de São Paulo, Adhemar de Barros), é interessante mencionar a narrativa feita pelas diretoras da Camde sobre a hesitação de dona Sara em aceitar o convite:

> Nós fomos fazer o convite para ele [Juscelino Kubitschek] ir à marcha. A Gilda Côrtes [uma das diretoras da Camde] convidou a Sara Kubitschek e

---

[125] Cf. Matias [s.d.].

[126] Fundo Campanha da Mulher pela Democracia. (Arquivo Nacional/Codes. Documentos Privados. Código PE. Caixa 41. Pasta 3.) Recorte de jornal: "Marcha da Família durou quatro horas". Jornal não identificado, 3 abr. 1964.

[127] Fundo Campanha da Mulher pela Democracia. (Arquivo Nacional/Codes. Documentos Privados. Código PE. Caixa 41. Pasta 3.) Recorte de jornal: "Três pontos culminantes da concentração de ontem no Rio". *O Estado de S. Paulo*, 3 abr. 1964.

> disse que ia mandar algumas pessoas para buscá-la. Ela disse que não iria. Depois ela viu que o negócio pegou mesmo e quis ir, mas aí a Gilda disse que não tinha mais ninguém para buscá-la.[128]

De fato, a ex-primeira-dama acabou não comparecendo à manifestação. Por outro lado, a adesão em torno do governador da Guanabara era visível. Enquanto Amélia Bastos discursava, um helicóptero da FAB apareceu e começou a baixar. A presidente da Camde parou momentaneamente o discurso diante dos gritos dos manifestantes de "Lá vem Lacerda!". A multidão, então, "prorrompeu em aplausos e acenou lenços brancos para o helicóptero", mas não se tratava de Carlos Lacerda,[129] que permaneceu no Palácio Guanabara, para onde cerca de 5 mil pessoas se dirigiram ao término da marcha a fim de lhe prestar homenagens. Lacerda, após ser longamente aplaudido, lamentou "ter se privado de desfilar ao lado do povo pelas indômitas ruas da cidade, comemorando a grandiosa vitória da democracia" e continuou: "os brasileiros de todos os recantos não festejavam hoje a festa da vingança, mas sim, a festa da justiça, da reprovação dos que fazem do ódio sua mensagem e o seu programa".[130]

A questão do apoio das mulheres da Camde ao governador Carlos Lacerda é algo complexo. Para ser melhor compreendido, é preciso que se considere não somente a força da personalidade de Lacerda, como também as constantes mudanças na conjuntura política do país entre 1960 e 1965, período no qual o jornalista governou a Guanabara. Há que se considerar também a existência de *várias UDNs*, como bem colocou Maria Victoria Benevides em seu estudo sobre este partido. É importante ainda destacar

---

[128] Entrevista concedida à autora por três diretoras que solicitaram anonimato. Rio de Janeiro, 12 set. 2006.

[129] Fundo Campanha da Mulher pela Democracia. (Arquivo Nacional/Codes. Documentos Privados. Código PE. Caixa 41. Pasta 3.) Recorte de jornal: "Mais de 800 mil pessoas na Marcha da Vitória". *O Globo*, 3 abr. 1964.

[130] Fundo Campanha da Mulher pela Democracia. (Arquivo Nacional/Codes. Documentos Privados. Código PE. Caixa 41. Pasta 3.) Recorte de jornal: "Marcha reúne um milhão com Deus pela liberdade". *Diário de Notícias*, 3 abr. 1964.

as proximidades entre os valores defendidos, que eram a própria razão de ser da UDN desde a sua fundação em 1945, e os motivos que levaram as *mães* cariocas a constituírem uma associação que militava contra o comunismo, em defesa das "instituições democráticas". Difícil não identificar elementos constituintes da cultura política udenista, como, por exemplo, o elitismo de suas posturas aliado a um forte moralismo e a um sentimento anticomunista intenso, além do antigetulismo[131] — àquela altura, na década de 1960, transmutado talvez em um "antitrabalhismo" — na cultura política que mobilizava as mulheres da Camde.

Em seu estudo sobre a UDN da Guanabara, Izabel Picaluga discute a importância do voto feminino para a UDN lacerdista. Admite o peso dos grupos médios, nos quais "é reconhecida a preferência feminina por Lacerda". Explica que, na Guanabara, o número de eleitores superava o de eleitoras em quase todas as zonas eleitorais, com exceção da 5ª zona, onde a vantagem da UDN sobre os demais partidos era histórica.[132] Não por acaso a 5ª zona eleitoral abrangia os bairros de Copacabana e Leme, região muito próxima ao lugar onde nasceu a Camde e residiam muitas de suas militantes. A já referida matéria de *O Globo* sobre a reunião de fundação da Camde, em 1962, dava conta de que "toda vez que era mencionado o nome do governador Carlos Lacerda, [as mulheres da] plateia o aplaudiam demoradamente".[133]

Podemos pensar, pois, que dificilmente as militantes da Camde não seriam eleitoras da UDN. Dificilmente um partido atendesse melhor às demandas daquelas mulheres que a UDN, embora a entidade insistisse em afirmar o caráter "apartidário" de suas posições. O *udenismo*, representando não apenas plataformas eleitorais, mas sim um movimento social anticomunista, moralista, elitista e antitrabalhista, estava muito próximo das demandas da Camde. Na Guanabara, o lacerdismo possuía enorme força e foi capaz, por muito tempo, de aglutinar amplos segmentos sociais em torno

---

[131] Benevides, 1981.

[132] Picaluga, 1980, p. 151.

[133] "A mulher brasileira está nas trincheiras". *O Globo,* 12 jul. 1962, p. 2.

das ideias defendidas pelo governador, inclusive as mulheres da Camde. No entanto, "depois de 64 Lacerda não mais conseguiu reunir os setores da sociedade civil que sempre o apoiaram".[134] A Camde foi um deles.

Os motivos do rompimento das mulheres com Carlos Lacerda serão discutidos adiante. Por hora, cabe destacar a forte adesão da Camde ao governador ainda no momento da realização da marcha, quando Lacerda aparecia como líder civil incontestável do movimento que derrubara Jango e *candidato natural* às eleições presidenciais de 1965. Muito embora a rápida adesão da Camde, no imediato pós-golpe, à indicação do marechal Castello Branco à presidência da República já indicasse os dois extremos entre os quais as mulheres oscilariam entre 1964 e as eleições de outubro de 1965: entre o estilo personalista de Carlos Lacerda e a "opção segura" pela continuação e aprofundamento da *ação revolucionária* com Castello Branco. Não sem transtornos, a Camde optaria pela segunda alternativa.

O sucesso das Marchas da Família, em particular da Marcha da Vitória, marcaria fortemente a capacidade de mobilização social dos grupos femininos. A memória construída em torno do golpe reserva ainda hoje, tanto pelas esquerdas como pelas direitas, importante lugar a estas manifestações no que concerne à legitimação do movimento civil-militar de 1964.[135] Assim, uma vez estabelecido esse poder de mobilização, passada a marcha, a Camde se empenhou em outra "batalha": a da indicação de Castello Branco, à presidência. Tratava-se, agora, de *legitimar* a "Revolução", transformando em "chefe da nação" o chefe militar do movimento.

A partir do golpe, as mulheres da Camde se organizaram em dois tipos de ação distintos: primeiramente, colaborar para a institucionalização do regime, levando seu apoio a determinadas medidas do governo que possuíam esta finalidade. O outro tipo de atuação é, na verdade, um desdobramento dessa primeira e, basicamente, consistia em se colocar em *posição de vigilân-*

---

[134] Picaluga, 1980, p. 208, anexo: "A propósito da morte de Carlos Lacerda".

[135] O caso, por exemplo, do panfleto *A nação que se salvou a si mesma*, analisado na introdução, é representativo da centralidade que o papel das mulheres possuía na organização das marchas para a memória das direitas.

cia pela continuidade da *ação revolucionária*. Como veremos no tópico seguinte, após o golpe as mulheres da Camde transferiram, ao menos retoricamente, para as Forças Armadas o papel de lutar pela *redemocratização* do país e, como consequência, contra a *infiltração comunista*. Sua função seria, a partir de então, a de "colaboradoras", para que *os rumos da Revolução* não fossem desvirtuados. Empenharam-se, portanto, em campanhas pelo controle dos preços, em cursos de Educação para a Cidadania, na organização de clubes para a educação de jovens, enfim, em todo tipo de ação que elas julgavam benéficas no sentido de manter afastado o perigo comunista. Todavia, no momento imediatamente posterior ao golpe, fazia-se necessária uma atuação mais "eficaz" no sentido de institucionalizar o regime para que o Estado fosse reorganizado em bases fortes. Foi com este objetivo que a Camde divulgou o seguinte manifesto em favor da indicação de Castello Branco à presidência:

> As mulheres cariocas [...] vêm manifestar ao Congresso Nacional e às nossas gloriosas Forças Armadas o firme propósito de não se conformarem com uma reconstrução do governo em bases que não representem, de fato, a cara e insofismável vontade de limpar nossas instituições de todo e qualquer vestígio da camarilha comuno-carreirista que nos vinha entregando ao credo vermelho. [...] Desejamos e exigimos, em nome de todo o esforço desprendido e, mais que isso, em nome de nossos ideais democráticos, que não se façam transigências de qualquer espécie com nomes que já são bastante conhecidos de todo o Brasil como comunistas ou simpatizantes. Queremos agora uma liderança apartidária, segura, enérgica e de confiança que dirija os nossos destinos da mesma forma como nos conduziu ao desfecho glorioso do movimento, sem derramamento de sangue, permitindo a redemocratização do governo da nação. Queremos na presidência da República o general Humberto Castello Branco.[136]

---

[136] Fundo Campanha da Mulher pela Democracia. (Arquivo Nacional/Codes. Documentos Privados. Código PE. Caixa 38. Pasta 1.) Recorte de jornal: "Mulheres cariocas querem Castello Branco na presidência". *O Globo*, 4 abr. 1964.

É interessante observar que, ao falar em "redemocratização", as mulheres da Camde vinculavam este processo à *limpeza* dos vestígios *comunistas* e *trabalhistas* existentes no país, que deveria ser feita a partir da reconstrução do governo em bases fortes e da punição *intransigente* de *comunistas ou simpatizantes*. Nesse sentido, para elas a manutenção da democracia relacionava-se intimamente ao expurgo do comunismo, já que a opção política por esse regime seria necessariamente a negação da democracia. Assim, sentiam-se à vontade para pedir a punição dos possíveis opositores do novo regime e, sobretudo no momento de institucionalização deste, no qual a *ação revolucionária* ainda se fazia notar, podiam pedir a indicação de uma liderança *enérgica* à presidência sem se preocupar com processos eleitorais.

Aliás, de acordo com a definição de democracia da Camde, os processos eleitorais nunca foram uma preocupação central. Tanto que, em julho de 1964, quando foi prorrogado o mandato de Castello Branco até 1967, cancelando-se, portanto, as eleições presidenciais previstas para 1966, a associação mais uma vez se colocava ao lado do marechal-presidente. Dias antes da prorrogação do mandato, a Camde divulgava um manifesto no qual afirmava "a sua confiança no governo do marechal Humberto de Alencar Castello Branco" e, após enumerar as "conquistas da Revolução" naqueles primeiros três meses, concluía:

> Nesta fase de recuperação nacional, esperamos que todos os brasileiros: magistrados e operários, parlamentares e militares, homens de indústria e de comércio, homens de imprensa e de profissões liberais, permaneçam unidos em torno do lema da nossa bandeira "Ordem e Progresso". Para isso é necessário que cada um ofereça sua cota de sacrifício, na paz como na luta.[137]

[137] Fundo Campanha da Mulher pela Democracia. (Arquivo Nacional/Codes. Documentos Privados. Código PE. Caixa 38. Pasta 1.) Recorte de jornal: "Camde pede à nação: dê sua cota de sacrifício na paz". *Diário de Notícias*, 11 jul. 1964; "Manifesto da Camde à nação". *O Globo*, 11 jul. 1964.

No dia 5 de abril, a Camde organizou uma manifestação em frente à casa do general Castello Branco, em Ipanema, reunindo 5 mil pessoas. A ideia era prestar uma homenagem ao marechal e, ao mesmo tempo, exigir sua indicação à presidência, além de pedir que algumas medidas fossem tomadas a favor da "Revolução". Rapidamente a homenagem transformou-se em comício: algumas pessoas traziam "faixas pedindo a cassação do mandato dos deputados comunistas; outras exigindo a união nas Forças Armadas 'para melhor resultado da Revolução' e várias conclamando que o general Castello Branco aceitasse a indicação de seu nome para a presidência, para a 'moralização do governo e de seus órgãos'".[138] Falaram um operário naval, um almirante, um advogado, um radialista e a então secretária de Serviços Sociais da Guanabara, Sandra Cavalcanti. Falou também Eudoxia Ribeiro Dantas, em nome da Camde, representando a "mulher brasileira". Além de agradecer ao Exército e às Forças Armadas pela ação que livrou o país da "traição" comunista e renovou as "esperanças na volta da legalidade e da democracia", a carta da Camde solicitava ao Congresso que "nos dê um presidente que seja forte e incorrupto para nos livrar definitivamente dos comunistas e da sua ideologia que corrói a nação"; para legitimar esse pedido, valiam-se da sua "singela, mas incomparável autoridade de mães".[139]

Antes mesmo da indicação do primeiro militar para a presidência, a Camde já se antecipava ao Congresso, pedindo que analisasse com urgência um projeto de lei que dispunha sobre "a repressão e defesa contra a comunização do

---

[138] Fundo Campanha da Mulher pela Democracia. (Arquivo Nacional/Codes. Documentos Privados. Código PE. Caixa 41. Pasta 4.) Recorte de jornal: "Povo leva o apelo a Ipanema: Castello no palácio". *Tribuna da Imprensa*, 6 abr. 1964.

[139] Fundo Campanha da Mulher pela Democracia. (Arquivo Nacional/Codes. Documentos Privados. Código PE. Caixa 38. Pasta 1.) Mensagem pronunciada por Eudoxia Ribeiro Dantas em frente à residência do então general Humberto Castello Branco no dia 5 de abril de 1964, perante multidão calculada de 8 a 10 mil pessoas (ms.). Interessante observar a divergência do cálculo das pessoas que compareceram à manifestação. Enquanto a diretoria da Camde estimava em torno de 8 a 10 mil, a *Tribuna da Imprensa* divulgava que havia comparecido apenas a metade, ou seja, em torno de 5 mil manifestantes.

Brasil",[140] ou a cassação do mandato de políticos ligados ao governo Goulart e supostamente considerados comunistas.[141] Desse modo, uma das primeiras manifestações públicas da Camde após o golpe civil-militar foi — ao mesmo tempo que protestava a favor da indicação do nome de Castello Branco à presidência — exigir do comando supremo da Revolução que usasse

> todo o rigor com aqueles que traíam a democracia, tramavam contra nossa liberdade e contra nossas vidas. Queremos que todos os parlamentares comunistas que conspiravam contra as liberdades democráticas do Brasil tenham seus mandatos e direitos políticos cassados.[142]

Como podemos notar, a tônica tanto do manifesto como do discurso pronunciado por Eudoxia Ribeiro Dantas em frente à casa de Castello Branco e a dos demais manifestos divulgados na imprensa nesse período é a mesma. E, de um modo geral, as ideias presentes tanto no primeiro documento como neste, são essencialmente as mesmas que nortearam a militância da Camde até 1974, quais sejam, a defesa da democracia em bases fortes, o anticomunismo exacerbado e a necessidade da institucionalização e continuidade da *ação revolucionária*. Certamente houve uma ou outra alteração ou ênfase maior em um ponto determinado em função das circunstâncias de cada momento, mas destaque-se que, após o golpe, a ação dos grupos femininos, em particular da Camde, se deu no sentido de preservar e consolidar o regime, preferindo os militares no governo aos políticos tradicionais, mesmo os de direita. Nada mais coerente, pois a Camde, dizendo-se *apolítica* e

---

140 Fundo Campanha da Mulher pela Democracia. (Arquivo Nacional/Codes. Documentos Privados. Código PE. Caixa 38. Pasta 1.) Recorte de jornal: "Camde apela a Mazzilli urgência urgentíssima para projeto contra a comunização". *O Jornal*, 4 abr. 1964.

141 Fundo Campanha da Mulher pela Democracia. (Arquivo Nacional/Codes. Documentos Privados. Código PE. Caixa 38. Pasta 1.) Recorte de jornal: "A Camde lança manifesto pela continuidade da ação que a Revolução iniciou". *O Globo*, 27 maio 1964; "Mulheres querem Evandro e Hermes fora do Supremo". *Diário de Notícias*, 27 maio 1964.

142 Fundo Campanha da Mulher pela Democracia. (Arquivo Nacional/Codes. Documentos Privados. Código PE. Caixa 38. Pasta 1.) Recorte de jornal: "Revolução vai até o fim, diz Sizeno à Camde". *Tribuna da Imprensa*, 9 abr. 1964.

apartidária, preferia os chefes militares, também não vinculados a partidos. A desconfiança contra a política e contra os políticos, contra os partidos; a preferência pela técnica: aqui está uma referência política interessante, que distingue a Camde da UDN e dos demais partidos de direita.

A *eterna vigilância*[143]: a Camde na legitimação dos governos militares

As atividades organizadas pelas mulheres da Camde após 1964 demonstravam constantemente o seu consentimento com relação ao projeto dos militares. Observar, portanto, as formas a partir das quais o discurso da entidade se harmonizava com o discurso oficial do governo é importante para compreendermos elementos essenciais que constituem uma determinada cultura política brasileira, a qual, de certa maneira, possibilitou a sustentação do regime. Além disso, estudar as formas a partir das quais a Camde manifestava sua adesão à ditadura ajuda a compreender, como veremos no capítulo 3, *como* e *por que*, apesar das demonstrações públicas de aprovação aos militares, hoje em dia as mulheres tendem a construir a memória de sua militância sob o signo do silêncio e do *esquecimento*.

Logo após a posse de Castello Branco, as entidades femininas paulistas iniciaram, juntamente com os Diários Associados, uma campanha intitulada Ouro para o Bem do Brasil. Era uma referência clara à campanha de mesmo nome, organizada em São Paulo em 1932, quando da Revolução Constitucionalista contra o governo de Getúlio Vargas.

A Revolução Constitucionalista de 1932, aliás, é uma referência importante para os grupos comprometidos com a legitimação do regime civil-militar. Remetia a valores como a defesa da legalidade e da Constituição, muito recorrentes tanto no discurso de civis como no de militares que estiveram à frente do movimento. Nunca é demais lembrar que, se em 1932 os

---

143 Cartaz da Marcha da Vitória no Rio de Janeiro, 2 abr. 1964.

"constitucionalistas" lutaram contra Vargas, em 1964 os líderes da "Revolução" derrubaram seu principal herdeiro político: João Goulart. Carlos Lacerda chegou mesmo a declarar, quando da marcha paulista, a qual se utilizou imensamente de rituais e simbologias que remetiam a 1932,[144] que aquela passeata marcava o "início do processo de ressurreição da democracia no Brasil, [e que] o espírito de São Paulo [...] a partir da marcha é o de 1932, mas de 1932 dialético, em que as trincheiras são de paz".[145]

Assim, em maio de 1964, os Diários Associados iniciavam a campanha em que solicitavam a colaboração da sociedade para que doasse joias em apoio "à obra de reconstrução a que se dedica a Revolução".[146] Começada em São Paulo, a campanha se espalhou por todo o país e, em junho, chegava à Guanabara, organizada com o apoio das mulheres da Camde.

No Rio, em um mês a campanha arrecadou Cr$ 65 milhões[147] e foi inaugurada de forma grandiosa:

> Altas personalidades estarão presentes na solenidade, que terá lugar às 18 horas de segunda-feira no Cine Odeon, na Cinelândia, devendo presidi-la o governador do estado [em exercício], dr. Rafael Magalhães. E por 30 horas seguintes, sem interrupção, a TV Tupi transmitirá um "show" que vale como verdadeira vigília democrática, com a participação de todo o seu elenco artístico e a colaboração de artistas de outras emissoras.[148]

---

[144] Sobre o recurso à simbologia de 1932 na marcha de São Paulo, cf. a seção "O 'risco da incompreensão': memória e identidade na autobiografia de uma ex-diretora da Camde", no capítulo 3 desta obra. Cf. também Presot (2004).

[145] "O civismo paulista domina o país: mais três passeatas". *O Estado de S. Paulo*, 21 mar. 1964. Recorte de jornal do arquivo da Camde, paginação não disponível, apud Presot (2004:79).

[146] Fundo Campanha da Mulher pela Democracia. (Arquivo Nacional/Codes. Documentos Privados. Código PE. Caixa 41. Pasta 2.) Recorte de jornal: "Vigília democrática lançará na GB campanha Ouro para o Bem do Brasil". *O Jornal*, 30 maio 1964.

[147] Fundo Campanha da Mulher pela Democracia. (Arquivo Nacional/Codes. Documentos Privados. Código PE. Caixa 41. Pasta 2.) Recorte de jornal: "Os cariocas deram Cr$ 65 milhões para o bem do Brasil". *O Globo*, 29 jun. 1964.

[148] Fundo Campanha da Mulher pela Democracia. (Arquivo Nacional/Codes. Documentos Privados. Código PE. Caixa 41. Pasta 2.) Recorte de jornal: "Vigília democrática lançará na GB campanha Ouro para o Bem do Brasil". *O Jornal*, 30 maio 1964.

A campanha teve adesão de mais de 20 entidades femininas da cidade do Rio de Janeiro, as quais compunham a "comissão de fiscalização". À frente dessas entidades estava a Camde, que concordou em "fiscalizar durante todo o tempo de realização da campanha [...] os cofres instalados no saguão do Cine Odeon".[149] De acordo com os próprios organizadores da campanha, mais que a ajuda em ouro ou dinheiro, o real valor de tal empreendimento estava justamente no ato simbólico: as pessoas que se dispunham a fazer suas doações estavam, na verdade, provando sua inteira "comparticipação [...] nos objetivos que animam o Brasil de hoje a sair das imensas dificuldades a que foi lançado por governos que mais o dilapidaram do que serviram".[150]

É preciso mais uma vez atentar para o apelo simbólico lançado pela campanha. Os próprios órgãos dos Diários Associados noticiavam que, com a Campanha do Ouro, nada mais faziam que *reeditar* o "que o [...] povo paulista fizera em 1932, por ocasião da Revolução Constitucionalista, quando milhares e milhares de pessoas se desfizeram de suas alianças e adornos de ouro, também como hoje acontece, com o pensamento na pátria".[151] A campanha era, pois, uma "reedição" do evento de 1932, agora em proporções nacionais, realizada por setores da sociedade civil comprometidos com o movimento de março/abril de 1964 e com adesão das Forças Armadas. A ideia era, portanto, mobilizar na população determinados valores e sentimentos, os quais a "Revolução" dizia defender.

Mais que isso, naquele momento era importante situar historicamente a "Revolução", ligá-la às tradições do passado nacional. A ligação com o movimento de 1932 aparecia como o mais adequado, já que mobilizava valores como a defesa da legalidade, da ordem e da democracia. Em certo

---

[149] *O Jornal*, 30 maio 1964.

[150] Fundo Campanha da Mulher pela Democracia. (Arquivo Nacional/Codes. Documentos Privados. Código PE. Caixa 41. Pasta 2.) Recorte de jornal: "Inimigos da Revolução". *O Jornal*, 23 maio 1964.

[151] Ibid.

sentido, representava também a *conclusão*, o desfecho vitorioso de uma batalha iniciada por São Paulo em 1932 contra Vargas e a favor da legalidade. Assim, como já afirmamos, a ideia era a de que, se os constitucionalistas do passado não conseguiram vencer a ditadura varguista, 1964 representava o definitivo fim da Era Vargas e do trabalhismo, com a queda de seu principal herdeiro político, João Goulart.

A Campanha do Ouro buscava, pois, legitimar a intervenção militar na medida em que a situava diante de um passado nacional que se pretendia simultaneamente *legalista* e *antigetulista* (ou "antitrabalhista"), afirmando esses valores em âmbito nacional. Ao mesmo tempo, procurava mobilizar esforços no sentido de colaborar com a política de "recuperação econômica" do governo. E de fato, diante do valor arrecadado pela campanha em todo o país — cerca de Cr$ 5 bilhões —,[152] não se pode dizer que a população tenha ficado indiferente.

Outro elemento importante no sentido de mobilizar a sociedade em torno do regime foi o sentimento *anticomunista*. As referências às formas pelas quais o comunismo poderia destruir as instituições que organizavam o modo de vida ocidental — a religião, a pátria e a família — e o medo de que isso efetivamente ocorresse eram muito comuns na conjuntura pré-1964.[153] Logo após o golpe o quadro não se modificou muito mas, naquele contexto, urgia que a sociedade colaborasse com o governo e *vigiasse* para que a "ameaça comunista" fosse, de fato, afastada.

Nesse sentido, a Camde organizou algumas manifestações e publicou alguns manifestos. Talvez a mais representativa delas, pelo simbolismo que continha, tenha sido a construção de uma réplica do Muro de Berlim, chamado pelas mulheres de "muro da vergonha" em pleno Centro do Rio de Janeiro. O muro simbolizava a *separação* que o comunismo impunha ao

---

[152] Fundo Campanha da Mulher pela Democracia. (Arquivo Nacional/Codes. Documentos Privados. Código PE. Caixa 41. Pasta 2.) Recorte de jornal: "Vão para hospitais os 5 bilhões da campanha 'Dê Ouro pelo Bem do Brasil'". *O Globo*, 17 out. 1964.

[153] Cf. Motta (2002).

mundo, que havia imposto a uma nação,[154] e pretendia demonstrar aos brasileiros que o mesmo poderia ocorrer no país, não fosse a intervenção militar.

Ao mesmo tempo que organizava esse tipo de manifestações, a Camde divulgava manifestos esporadicamente, ao longo do ano de 1964, para que a "Revolução" cassasse mandatos de políticos comunistas e "limpasse" o governo de elementos que pudessem colocar em risco a "obra de saneamento" que vinha sendo feita. Assim, a Camde encaminhou à imprensa um documento no qual mais uma vez pedia a continuidade da *ação revolucionária*, que então deveria atingir o Supremo Tribunal Federal. A entidade passava a exigir o expurgo de nomes como os de Hermes Lima — ex-ministro das Relações Exteriores e ex-primeiro-ministro do governo Goulart — e Evandro Lins e Silva — ex-chefe da Casa Civil de Jango — da vida pública nacional.[155] Mais tarde, esta entidade exigiria que eles fossem enquadrados no art. 7º do Ato Institucional,[156] alegando que a manutenção de ambos em cargos públicos poderia colocar a perder "toda a obra de saneamento da Revolução".[157]

É interessante chamar a atenção para alguns aspectos do discurso da Camde antes e, principalmente, após 1964. As exigências no sentido de que fossem punidos e cassados políticos supostamente comunistas dão bem a medida da tônica autoritária que marcava a militância do grupo. É importante observar o autoritarismo, aliado a um sentimento de repulsa ao comunismo, e uma definição de "legalismo" e democracia que somente fazem sentido em oposição ao comunismo, como características da cultura

---

[154] Fundo Campanha da Mulher pela Democracia. (Arquivo Nacional/Codes. Documentos Privados. Código PE. Caixa 41. Pasta 2.) Recorte de jornal: "Tiremos o chapéu às senhoras da Camde". *Tribuna da Imprensa*, 12 ago. 1964.

[155] Fundo Campanha da Mulher pela Democracia. (Arquivo Nacional/Codes. Documentos Privados. Código PE. Caixa 38. Pasta 1.) Recorte de jornal: "A Camde lança manifesto pela continuidade da ação que a Revolução iniciou". *O Globo*, 27 maio 1964.

[156] O texto do art. 7º do Ato Institucional permitia suspender por seis meses "as garantias constitucionais ou legais de vitaliciedade e estabilidade" (Fico, 2004:341).

[157] Fundo Campanha da Mulher pela Democracia. (Arquivo Nacional/Codes. Documentos Privados. Código PE. Caixa 38. Pasta 1.) Recorte de jornal: "Camde quer agora Hermes e Evandro no Institucional". *Diário de Notícias*, 7 out. 1964.

política de expressivos segmentos da sociedade brasileira. São esses aspectos da cultura política de determinados grupos sociais que nos permitem compreender o apoio ao regime e sua sustentação no país.

Assim, após o golpe, a atuação pública da Camde teve seu sentido alterado: tratava-se não mais de lutar contra as tentativas abertas e consideradas *ilegítimas* das esquerdas de *comunizar* o país, mas de trabalhar em benefício da consolidação do regime e da *limpeza* das instituições. Nesse sentido, dois tipos de posturas passaram a nortear a militância da Camde entre o pós-golpe e 1974: primeiramente, a cobrança de punição dos elementos considerados *subversivos* e associados ao governo Goulart, como já observamos nos casos de Hermes Lima e Evandro Lins e Silva. Colocava-se em *vigilância permanente*[158] diante de todos os setores da sociedade para que a *ameaça comunista* não retornasse. Em segundo lugar, a preocupação com a *educação cívica* da sociedade, especialmente dos jovens, para que, desta forma, a *ação revolucionária* não fosse interrompida e se fizesse sentir nos mais diferentes aspectos da vida brasileira, além do apoio a obras sociais e a projetos do governo que visariam ao *saneamento das instituições*. Ou, como foi resumido pelo Histórico da associação, "após a revolução, entregou-se a Camde ao seu programa de vigilância, de educação, de apoio a obras sociais etc.".[159]

Podemos perceber que, desde muito cedo — o Histórico da Camde é de 1967 —, havia uma preocupação por parte da diretoria em consolidar uma memória da instituição de acordo com a qual, após o golpe, a Camde não mais teria se envolvido em manifestações *políticas*, dedicando-se a obras

[158] Essa postura de vigilância permanente, muito recorrente nas manifestações da Camde após 1964, pode ser associada ao discurso militar, à noção de "guerra permanente", instituída pela Lei de Segurança Nacional de 1967, e que se identifica com os postulados da Doutrina de Segurança Nacional. Esta, por sua vez, data da década de 1940, na qual existe uma guerra constante e total entre os países ocidentais e os comunistas. Desse modo, a ameaça representada pelo comunismo pode surgir tanto do exterior como das próprias fronteiras do país. Sobre a Doutrina de Segurança Nacional, cf. Borges (2003).

[159] Fundo Campanha da Mulher pela Democracia. (Arquivo Nacional/Codes. Documentos Privados. Código PE. Caixa 40. Pasta 4.) Histórico da Campanha da Mulher em Defesa da Democracia, p. 8 (ms.).

sociais e campanhas de utilidade pública, como a que foi realizada em 1965 contra a *carestia*. Como já mencionamos, a Camde sempre fez questão de afirmar-se como um movimento "apolítico" e "apartidário", a favor da democracia e contra o comunismo. De acordo, portanto, com a definição da própria entidade, a Camde somente havia agido politicamente entre 1962 e 1964 em virtude das exigências da conjuntura. Essa divisão permite que, ainda hoje, as remanescentes do grupo afirmem uma memória segundo a qual elas não apenas deixaram de agir politicamente após 1964, como também só houve consenso em torno do governo Castello Branco — *moderado* —, mas não quanto aos demais generais-presidentes, quando teria havido uma "degringolada" em direção ao endurecimento do regime. Algumas das ex-diretoras afirmaram que

> — Quando acabou 1964 e o governo de Jango foi extinto e veio o Castello Branco, nós... Amelinha chegou à conclusão de que a Camde, politicamente, já não tinha mais o que fazer, então que nós teríamos que nos voltar para o lado social. Foi aí que foi acabando.
>
> — Porque teve uma época muito ruim, sabe, aquela época de sumirem com as pessoas... Foi uma época que Deus me livre! Eu não pactuava com aquilo.
>
> — É, aí realmente... o que virou o Brasil... Não foi para isso que nós lutamos de jeito nenhum.[160]

Assim, essa divisão — 1962-64/*política* e pós-1964/*apolítica* — apresenta dois problemas: primeiramente, pode impedir a percepção do viés político das obras assistenciais e campanhas de utilidade pública. Em segundo lugar, permite, na atualidade, a elaboração de uma memória que consolida o governo Castello Branco como moderado, e mais: consolida uma divisão de

---

[160] Entrevista concedida à autora por três associadas que solicitaram anonimato. Rio de Janeiro, 12 set. 2006.

acordo com a qual a sociedade e o governo são elementos descolados um do outro. A primeira não tem e nunca teve nada a ver com a truculência do segundo. O autoritarismo, a perseguição aos opositores do regime, a ditadura foram "coisas" de uns poucos militares *linha-dura*, mas com as quais a sociedade, aqui representada pelas *mães* da Camde nunca concordaram. Se assim o fosse, como compreender a divulgação de manifestos exigindo que "a democracia [fosse] sempre preservada no Brasil, ainda que a todo custo"?[161]

Dessa forma, é preciso compreender as ações desenvolvidas pela Camde após o golpe — inclusive as de assistência social e as campanhas ditas de "utilidade pública" — como parte de uma estratégia política de consolidação e legitimação do regime civil-militar e de tudo o que ele representava em termos de arcabouço ideológico e simbólico. Havia, pois, o comprometimento com as intenções disciplinadoras, anticorrupção e anticomunistas defendidas pelos militares. As militantes da Camde defendiam a necessidade de uma educação "cívica" da juventude, que fosse capaz de educá-la de acordo com princípios *democráticos* e cristãos.[162]

É desta perspectiva que podemos compreender, em 1965, quando o governo do marechal Castello Branco combateu as altas taxas inflacionárias e a elevação do custo de vida — de acordo com a política de "estabilização" do ministro Roberto Campos —, o empenho das mulheres da Camde numa campanha a favor do controle dos preços. Agindo em conjunto com a Superintendência Nacional de Abastecimento (Sunab), a entidade feminina deu início à Campanha em Defesa da Economia Popular,[163] na qual

[161] Fundo Campanha da Mulher pela Democracia. (Arquivo Nacional/Codes. Documentos Privados. Código PE. Caixa 38. Pasta 1.) Recorte de jornal: "Camde dirige-se a Castello". Jornal não identificado, 18 out. 1965.

[162] Cf., por exemplo, Fundo Campanha da Mulher pela Democracia. (Arquivo Nacional/Codes. Documentos Privados. Código PE. Caixa 38. Pasta 1.) À Juventude Brasileira. Manifesto (ms.). Nesse manifesto, a Camde afirmava: "Cremos que no caldeamento de raças que povoam o solo brasileiro, está surgindo uma juventude responsável. Cremos que esta juventude encontrará o caminho que só a autodisciplina, a verdade e o espírito cristão podem dar".

[163] Fundo Campanha da Mulher pela Democracia. (Arquivo Nacional/Codes. Documentos Privados. Código PE. Caixa 40. Pasta 1.) Recorte de jornal: "Camde vai colaborar com a Sunab na batalha contra a alta de preços". Jornal não identificado, abr. 1965.

serviram de intermediárias entre os órgãos governamentais, empresários e consumidores, lançando inúmeros apelos às donas de casa para que agissem como "fiscais de preços" e não comprassem produtos que estivessem acima do valor divulgado pelas tabelas da Camde e da Sunab.[164] Os comerciantes que aderiam à campanha recebiam um "escudo para ser colocado nas vitrinas de suas lojas", para indicar ao consumidor que aquele estabelecimento participava da campanha.[165]

Essa campanha deve ser compreendida a partir da ideia — muito recorrente no discurso militar e difundida pela Camde após a intervenção armada de 1964 — que dizia respeito às necessidades de *saneamento* do país. Envolvia uma suposta *reorganização* moral, política, social e econômica do país, que deveria se dar em todos os aspectos da vida do brasileiro. A "Revolução" em si mesma possuía caráter *saneador,* e é nesse sentido que devemos compreender as palavras de Guilherme Borghoff, então presidente da Sunab, falando no auditório da Camde sobre a campanha pela estabilização dos preços. Segundo ele, "a revolução não visa apenas substituir homens corruptos por honestos, mas sim, coibir os abusos na área da economia viciada por medidas que perduram a [*sic*] mais de trinta anos e que precisam ser corrigidas".[166]

Portanto, nada mais natural para as mulheres da Camde que, após o golpe, se colocassem à disposição de campanhas como estas que, ao fim, teriam como objetivo a continuação e a consolidação do processo revolucionário iniciado em abril de 1964, através da correção de políticas que poderiam destoar do caráter saneador da "Revolução" e que, em última instância, colaborariam para manter afastada a ameaça comunista.

---

164 Fundo Campanha da Mulher pela Democracia. (Arquivo Nacional/Codes. Documentos Privados. Código PE. Caixa 40. Pasta 1.) Recorte de jornal: "A Camde divulga lista de preços: não paguem mais". *O Globo,* 10 abr. 1965.

165 Fundo Campanha da Mulher pela Democracia. (Arquivo Nacional/Codes. Documentos Privados. Código PE. Caixa 40. Pasta 1.) Recorte de jornal: "Lançada pela Camde a campanha de defesa da economia popular". *O Globo,* 6 abr. 1965.

166 Fundo Campanha da Mulher pela Democracia. (Arquivo Nacional/Codes. Documentos Privados. Código PE. Caixa 40. Pasta 1.) Recorte de jornal: "Liberação de todos os preços e estabilização em março-abril de 1965". *O Globo,* 6 abr. 1964.

Dessa forma, são bastante ilustrativas do papel desempenhado pela Camde após o golpe as palavras de Amélia Bastos explicando o porquê da participação da entidade na campanha pela estabilização dos preços. Para ela, "a primeira grande batalha da Revolução foi tirar os comunistas do governo. Agora nós estamos empenhados na segunda grande batalha, que é o combate à inflação".[167] Em outras palavras, o objetivo era agora consolidar e legitimar o regime civil-militar através do apoio às políticas, neste caso econômicas, desenvolvidas pelo governo.

Em 1966, a Camde criava o Banco do Sapato, uma iniciativa de assistência social que visava à doação de sapatos para crianças carentes e alunos de escolas públicas do Rio de Janeiro. Mediante a contribuição simbólica de Cr$ 0,50 e o comprometimento de não vender, não trocar ou doar o sapato adquirido, a criança recebia, além do par de calçados, sabonete, pasta e escova de dentes, *shampoo* e talco, "numa campanha sanitária reforçada por palestras, cartazes e filmes educativos".[168] Diante do crescimento das atividades do Banco do Sapato, em fins de 1969 a Camde criou a Fundação Educativa e de Promoção à Comunidade. A fundação deveria, a partir de 1970, ampliar os programas do Banco do Sapato, "atuando junto às mães com ensinamentos de puericultura, preceitos de higiene e alfabetização de adultos, dentro do objetivo de desenvolver cada vez mais o espírito comunitário".[169]

Não podemos deixar de considerar que, de fato, os manifestos nos quais a Camde se dirige diretamente ao presidente tornam-se mais raros após o fim do mandato do marechal Castello Branco. Havia um consenso em torno do nome de Costa e Silva como sucessor de Castello, e também um consenso quanto ao governo Costa e Silva, inclusive em relação ao apoio

---

[167] Fundo Campanha da Mulher pela Democracia. (Arquivo Nacional/Codes. Documentos Privados. Código PE. Caixa 40. Pasta 1.) Recorte de jornal. Jornal não especificado [s.d.].

[168] "Banco do Sapato fará doação a escolares da Mangueira na quinta-feira". *Jornal do Brasil,* 12 out. 1970.

[169] Ibid.

declarado ao Ato Institucional nº 5.[170] No entanto, a partir de 1969 o diálogo com o governo, da forma como era feito desde a fundação da Camde até 1967/68, tornou-se menos evidente. Todavia, embora se dirijam menos diretamente ao presidente, dando a impressão de que estão mais "afastadas do poder", ou menos de acordo com a forma como ele é exercido, é difícil não perceber a identificação que as mulheres da Camde mantêm com relação aos valores postulados pela ditadura. Estes são também os *seus* valores, em defesa deles as mulheres se reuniram em 1962 e marcharam em 1964.

Impossível não perceber a semelhança entre os objetivos da campanha do Banco do Sapato, já em 1970 — quando falavam em uma campanha de *educação sanitária* da população — e a propaganda desenvolvida pelo governo no mesmo período. De acordo com Carlos Fico, uma questão central para compreender a propaganda política do regime refere-se ao tema dos "comportamentos adequados":

> Ora, os "governos da Revolução" estavam fazendo sua parte, promoviam o desenvolvimento econômico, mas, *constrangidos*, supunham que o povo ainda era rude, despreparado. Que fazer senão educá-lo? Essa é uma clara atitude política: a visão do povo como alvo de um projeto pedagógico indispensável à boa gerência dos negócios públicos que, de outro modo, não encontrariam boa utilização.[171]

O Banco do Sapato em particular, mas não só ele, como também a Fundação Educativa e de Promoção à Comunidade, a Campanha pela Economia Popular, os trabalhos desenvolvidos com as mães e crianças da Rocinha, entre outros, são iniciativas que remetem a essa mesma intenção que a propaganda oficial do regime: *educar* a população para os "novos tempos". Mais ainda: educá-la de acordo com determinados preceitos, caros aos militares e às mães da Camde.

---

[170] Cf. capítulo 3 desta obra, especialmente a seção "A construção da memória em torno dos governos Castello Branco e Costa e Silva: orgulho e desilusão".

[171] Fico, 1997, p. 133.

Curioso observar, inclusive, que a questão da necessidade de uma propaganda oficial do regime era uma demanda da Camde. Em 1966, a associação divulgava um manifesto no qual louvava a iniciativa "austera" do governo em seu objetivo de "renovação" do país sem, contudo, recorrer ao "aparato de um DIP para alardear as suas realizações".[172] Não obstante, chamava a atenção para a necessidade de uma "divulgação popular, que estabeleça a ligação direta entre o governo e o povo, mantendo vivos os ideais da Revolução",[173] já que, de acordo com a Camde, "o povo [...] não compreende que seu sacrifício e seu zelo darão frutos seguros".[174] Assim, desde muito cedo a Camde partilhava e se preocupava com determinados temas que, mais tarde, com a criação da Assessoria Especial de Relações Públicas (Aerp) em 1968, passariam a ser tratados pela propaganda oficial do governo.

Portanto, é preciso considerar, se quisermos compreender o imaginário social dos setores que estiveram comprometidos com o regime civil-militar que, no caso da Camde, por exemplo, mesmo sua dedicação a obras assistenciais e a campanhas de utilidade pública são manifestações políticas. Esse tipo de iniciativa somente teve espaço no grupo porque, uma vez derrubado o governo Goulart e afastada a "ameaça comunista", essas mulheres, tão intensamente envolvidas com a queda de Jango e a intervenção militar de 1964, viram-se, de repente, diante da necessidade de, agora, contribuir para a consolidação do regime, preparando o *povo* para as transformações que haveriam de ocorrer no país.

Por outro lado, se pensarmos no que seriam atividades de *militância política* no sentido mais estrito do termo, elas não deixaram de ocorrer após 1964, como os depoimentos e mesmo o Histórico da Camde dão a

---

[172] Fico (1997:90) chama a atenção para o fato de que, ao criarem uma agência de propaganda, os militares sempre fizeram questão de dissociá-la do DIP, o Departamento de Imprensa e Propaganda do Estado Novo.

[173] Entrevista concedida à autora por três associadas que solicitaram anonimato. Rio de Janeiro, 12 set. 2006.

[174] Fundo Campanha da Mulher pela Democracia. (Arquivo Nacional/Codes. Documentos Privados. Código PE. Caixa 38. Pasta 1.) Recorte de jornal: "Camde: povo ignora fruto do sacrifício". *Diário de Notícias*, 30 jun. 1966.

entender. Assim, a militância em torno de nomes e atos importantes do governo, bem como a militância anticomunista coexistiram após 1964 com as obras sociais e campanhas de utilidade pública. Por exemplo, a Camde promovia quase semanalmente palestras para as associadas. Quase sempre os convidados eram civis e militares diretamente comprometidos com o regime, como o governador da Guanabara Carlos Lacerda e o então candidato à sucessão presidencial, general Costa e Silva. Em 1967 a Camde organizava, no Rio de Janeiro, o I Congresso Sul-Americano da Mulher em Defesa da Democracia. O congresso, que recebeu delegações de 10 países da América do Sul, tinha por objetivo motivar "a mulher numa conscientização cívica, sem engajamentos políticos partidários", mas visando unicamente ao "fortalecimento da democracia".[175] Embora se pretendesse "sem engajamentos políticos", estava presente na seção de abertura do congresso o deputado Geraldo Ferraz, representando o presidente Costa e Silva e sua esposa, d. Yolanda Costa e Silva. O presidente, aliás, foi escolhido "presidente de honra do congresso".[176] Em 1968, a Camde participou da II Conferência Internacional da Liga Anticomunista Mundial, realizada no Vietnã,[177] reunindo representantes de organizações anticomunistas de todo o mundo. Em 1969, mais uma vez a Camde enviou representantes para a reunião da liga, desta vez na Tailândia.[178]

1965 é um ano marcante na trajetória da Camde e permite-nos compreender como as questões de militância política se misturavam com campanhas de utilidade pública e assistência social. Assim, tendo passado o primeiro semestre envolvida na Campanha pela Economia Popular, no segundo semestre a Camde se voltava para duas questões importantes

---

[175] "Camde: um congresso só de mulheres". *Jornal do Brasil*, 16 abr. 1967.

[176] Fundo Campanha da Mulher pela Democracia. (Arquivo Nacional/Codes. Documentos Privados. Código PE. Caixa 43. Pasta 1.) *O Globo*, 31 mar. 1967.

[177] Fundo Campanha da Mulher pela Democracia. (Arquivo Nacional/Codes. Documentos Privados. Código PE. Caixa 42. Pasta 3.) Discurso pronunciado por Maria Helena da Gama Câmara na II Conferência Internacional da Liga Anticomunista Mundial.

[178] Dantas, 1998, p. 148.

que demarcariam bem qual era sua posição na conjuntura política nacional do momento. Tratava-se, primeiramente, das eleições estaduais que ocorreriam em outubro daquele ano. A Guanabara, em particular, se mobilizara diante da disputa pela sucessão de Lacerda. Duas semanas após as eleições, a Camde realizava eleições internas para escolher a nova presidente e a nova diretoria. No fim do mês, seria divulgado o Ato Institucional nº 2 (AI-2).

De certa forma, o resultado das eleições internas da Camde, bem como suas consequências para o grupo estão diretamente relacionados com o posicionamento da diretoria diante do resultado das eleições para governador da Guanabara. É preciso, pois, compreender o cenário político-eleitoral da Guanabara. Sobretudo, é imprescindível que tentemos compreender a dinâmica da adesão da Camde ao lacerdismo para entendermos a posição da entidade diante dos resultados das eleições e, principalmente, diante do AI-2.

Como já mencionamos, a adesão da Camde ao lacerdismo, sobretudo à época do surgimento do grupo, em 1962, é visível. Os aplausos a Lacerda no auditório de *O Globo* na reunião de fundação da Camde, bem como os *vivas* dados ao governador quando da realização da Marcha da Vitória são representativos disso. Não obstante, logo após a "Revolução" a Camde teve que fazer uma escolha entre — pode-se colocar dessa forma — *lacerdismo* e *castellismo*. Tal escolha não era algo muito nítido. O próprio presidente Castello Branco se declarava um "'udenista roxo', admirador de Carlos Lacerda e Adauto Lúcio Costa".[179]

A adesão ao *lacerdismo* não era apenas uma opção político-partidária: tratava-se de um posicionamento ideológico em torno da defesa de determinados valores, representados em âmbito nacional pelo *udenismo*, mas que no plano local, na Guanabara, ganhava contornos diferenciados em virtude não apenas da forte personalidade de Carlos Lacerda, mas também do peso da disputa eleitoral no estado entre UDN e PTB. Tal dispu-

[179] Benevides, 1981, p. 130.

ta era capaz de mobilizar a população, sobretudo em virtude da tradição histórica e dos valores — opostos — que estes partidos representavam.[180]

No entanto, após o golpe, a adesão da Camde em torno de Carlos Lacerda, embora ainda fosse significativa, passou a ser relativizada em virtude da ascensão de uma nova liderança "revolucionária": o presidente Castello Branco. Desde o início, a Camde se envolveu numa intensa campanha pela indicação de seu nome para a presidência, a qual era apoiada por quase toda a UDN. Com exceção de Lacerda que, na verdade, buscava angariar apoios em torno do nome do marechal Dutra.[181]

Em julho de 1964, quando o mandato de Castello Branco foi prorrogado até 1967 e, consequentemente, as eleições de 1965 adiadas, ocorreu o rompimento definitivo entre Carlos Lacerda e o marechal-presidente. Aliás, nesse momento Lacerda rompeu também com a cúpula da UDN, que apoiou a prorrogação do mandato. Em telegrama a Bilac Pinto, presidente nacional da UDN, o governador da Guanabara dizia: "adeus aos donos de seu partido e lhes desejo uma feliz sepultura, pois na realidade já estão mortos sem saber, e como zombies espalham erros e desastres pela pátria".[182]

Não obstante, apesar de a Camde ter-se colocado a favor da prorrogação do mandato, depois dessa derrota sofrida por Lacerda — que atingiu em cheio suas expectativas de ser eleito presidente em 1965 — em agosto de 1964, ele foi convidado a discursar para as mulheres no salão paroquial da igreja Nossa Senhora da Paz. É este evento que marca o afastamento entre a diretoria da Camde e o governador da Guanabara. A esta altura, Lacerda também estava rompido com o jornal *O Globo,* mas como fazia a divulgação de todos os políticos e personalidades que iam discursar na Camde, *O Globo*

---

[180] Izabel Picaluga, em seu estudo sobre a UDN na Guanabara, chega mesmo a afirmar que a "dicotomia" eleitoral entre UDN e PTB na Guanabara foi a "manifestação de relações que compreendiam tensões e conflitos entre as classes fundamentais locais". Ver Picaluga (1980:66).

[181] Picaluga, 1980, p. 96.

[182] Fundo Campanha da Mulher pela Democracia. (Arquivo Nacional/Codes. Documentos Privados. Código PE. Caixa 41. Pasta 1.) Recorte de jornal: "Continuísmo vai impor um rei à nação". *Tribuna da Imprensa*, 17 jul. 1964.

divulgou a palestra de Lacerda, o qual aproveitou o espaço para desferir ataques aos diretores do jornal, deixando a diretoria da Camde numa situação constrangedora, diante do jornal que mais dava suporte ao grupo.[183]

A partir daí, a relação entre a cúpula da Camde e o governador da Guanabara ficou comprometida, muito embora, há que se registrar, no dia da palestra de Lacerda na Camde, o habitual salão da paróquia de Nossa Senhora da Paz não tenha sido suficiente para comportar a quantidade de mulheres que compareceram ao evento, o qual foi transferido para o cinema PAX, vizinho à igreja. As ex-diretoras da Camde lembram dessa forma o evento:

> Éramos capazes de lotar um auditório. Quando Carlos Lacerda foi falar para nós, não cabia no auditório. Teve que ser no cinema. No cinema ao lado da Paz, não tinha um cinema ali? [...] Mas era tanta gente, que não pôde ser no auditório. Porque todo mundo que ia falar, era no auditório. Teve que ser no cinema, de tanta gente.[184]

O depoimento das diretoras da Camde coloca em evidência questões importantes para compreendermos o imaginário político do grupo e, sobretudo, para entendermos o lugar ocupado pelo lacerdismo nesse imaginário. Certamente que o discurso inflamado de Lacerda, sua retórica anticomunista e fortemente moralista ia ao encontro dos anseios e demandas das mulheres da Camde, por isso Lacerda era "capaz de lotar o auditório" delas.

Aliás, Carlos Lacerda sabia da importância que possuía seu eleitorado feminino. No dia 28 de outubro de 1964, não por acaso poucos dias após sua conferência na Camde e o afastamento daquelas mulheres devido aos ataques a *O Globo*, Lacerda recebia no Palácio Guanabara um grupo de mulheres — que não pertenciam à Camde — numa espécie de estratégia

---

[183] Cf. "Um novo rei Sol chega para deslumbrar tupiniquins". *Tribuna da Imprensa*, 14 out. 1964; Fundo Campanha da Mulher pela Democracia. (Arquivo Nacional/Codes. Documentos Privados. Código PE. Caixa 41. Pasta 1.) Recorte de jornal: "Uma revisão melancólica". *O Globo*, 15 out. 1964.

[184] Entrevista concedida à autora por três associadas que solicitaram anonimato. Rio de Janeiro, 12 set. 2006.

para reafirmar seu êxito com o eleitorado feminino, apesar do rompimento com a entidade. O governador, discursando para o grupo, classificou a mulher brasileira como "o único líder civil da Revolução" e elogiou a atuação feminina no processo que levou ao 31 de Março. A *Tribuna da Imprensa* noticiava, inclusive, que o governador "não pôde conter as lágrimas ao referir-se à participação da própria esposa [nos acontecimentos que levaram à 'Revolução'], dona Letícia Lacerda".[185]

De toda forma, o que é importante reter sobre a posição da Camde é que, naquele momento, para além do ponto de vista de uma estratégia política *prática*, ou seja, romper com Lacerda em nome da manutenção da boa relação que a Camde possuía com a cúpula de *O Globo* — o qual lhe dava um suporte fundamental —, o grupo feminino foi-se afastando também do governador da Guanabara em virtude da tomada de uma posição política bastante diferenciada da de Lacerda. Ou seja, em julho de 1964, a Camde se colocava a favor da prorrogação do mandato de Castello Branco, rompendo com Lacerda em outubro desse mesmo ano. Essa posição, naquele momento, significava colocar-se a favor do "aprofundamento da ação revolucionária". Tratava-se, como afirmamos anteriormente, da adesão a um novo líder: Castello Branco, adorado pelas mulheres da Camde. Em uma das entrevistas que realizei, por exemplo, uma das entrevistadas lembrava, saudosa, as palavras do economista Eugênio Gudin: "Tem um artigo do Gudim que ele dizia que o Castello Branco tinha que ter feito um governo de pelo menos 10 anos. Pelo menos 10 anos!". Com o que a outra entrevistada concordava enfática: "Ah, tinha que ter ficado. Tinha que ter ficado".[186] E, na verdade, a adesão à ideia da prorrogação do mandato de Castello foi partilhada inclusive pela UDN. O entendimento era de que, se o governo Castello Branco fosse

---

[185] Fundo Campanha da Mulher pela Democracia. (Arquivo Nacional/Codes. Documentos Privados. Código PE. Caixa 41. Pasta 1.) Recorte de jornal: "CL vê mulher como líder da Revolução". *Tribuna da Imprensa*, 28 out. 1964.

[186] Entrevista concedida à autora por três associadas que solicitaram anonimato. Rio de Janeiro, 12 set. 2006.

interrompido em 1966, o processo de *limpeza* que os militares levavam a cabo também o seria.

Em outubro de 1965, nas eleições para governadores — que foram mantidas — os candidatos de oposição em estados importantes do país, como Negrão de Lima na Guanabara e Israel Pinheiro em Minas Gerais saíram vencedores. Lacerda não conseguiu eleger seu candidato, Flexa Ribeiro. A partir daí, Carlos Lacerda intensificou sua campanha de oposição a Castello Branco através da *Tribuna da Imprensa*. Após o resultado das eleições, passou a acusar o presidente de "estar com a contrarrevolução" e afirmava: "perdi a eleição na Guanabara no dia em que o sr. Castello Branco se recusou a ouvir minhas críticas à política econômico-financeira do governo da Revolução".[187] Em suas colunas, a *Tribuna* acusava Castello Branco de "rancoroso, vaidoso e sobretudo fraco, ao se deixar envolver pelos pretensos 'revolucionários' e políticos da pior espécie que o cercavam", atribuindo ao presidente a *culpa* pela derrota da "Revolução" nas eleições.[188]

As mulheres da Camde, embora tenham-se posicionado publicamente contra Negrão de Lima,[189] passadas as eleições decidiram-se pelo apoio a Castello Branco, posicionando-se contra, por exemplo, as sugestões de Lacerda de não dar posse ao governador eleito. Sobre as eleições na Guanabara e sobre Carlos Lacerda, Amélia Bastos afirmava:

> O Brasil não pode continuar com o tumulto que, ultimamente, vem tendo, como consequência das eleições de 3 de outubro, que deram em 10 estados

[187] "Lacerda diz que CB está com a contrarrevolução". *Tribuna da Imprensa*, 8 out. 1965.
[188] "Só um culpado na derrota da Revolução: CB". *Tribuna da Imprensa*, 6 out. 1965.
[189] Embora no manifesto que lançou às vésperas das eleições a Camde não mencionasse nomes de candidatos, a entidade afirmava que "comunistas e corruptos arregimentam-se para voltar ao poder. A Camde vem de público manifestar sua veemente repulsa a esta nova tentativa de penetração do comunismo ateu, hipócrita, traidor e ilegal". Isso justamente quando era divulgada uma notícia de acordo com a qual o Partido Comunista do Brasil recomendava aos seus correligionários o voto em Negrão de Lima. Cf. Fundo Campanha da Mulher pela Democracia. (Arquivo Nacional/Codes. Documentos Privados. Código PE. Caixa 38. Pasta 1.) Recorte de jornal: "Camde adverte: eles não voltarão e serviço secreto e SNI já sabem: Negrão está com PC". *Diário de Notícias*, 28 set. 1965.

> da Federação, a vitória ao partido da oposição. Entretanto, [...] a derrota da União Democrática Nacional já estava prevista uma vez que se uniu uma série de forças contra uma só, embora fosse essa a única capaz de continuar com o processo democrático no país [...] No momento resta dar posse ao sr. Negrão de Lima, a fim de que no futuro os cariocas possam tirar proveito das eleições [...] a eleição do candidato do PTB e PSD não significou, absolutamente, uma derrota da revolução, pois ela nunca esteve em jogo.

E sobre a renúncia de Carlos Lacerda à sua candidatura à presidência, Amélia Bastos prosseguia:

> O atual governador do estado tem tudo para ganhar o pleito, podendo, desta forma, restituir o poder ao seu partido. Na minha opinião [...] o sr. Carlos Lacerda deve continuar com os ideais que sempre teve e que, inclusive, fazem parte do conjunto do desenvolvimento político do Brasil.[190]

O depoimento de Amélia Bastos é muito representativo da posição da Camde. Ao mesmo tempo que tomava partido das posições de Castello Branco quando afirmava que o melhor a ser feito era "dar posse ao sr. Negrão de Lima", sabia da força do nome de Carlos Lacerda. Sua figura possuía importância fundamental no caso de uma eventual eleição, findado o mandato de Castello Branco, para, como nas palavras da própria dona Amélia, "restituir o poder" à UDN. É certo que a Camde, em seguida, apoiou publicamente o Ato Institucional nº 2, o qual não somente pôs fim aos partidos então existentes mas, sobretudo, pôs fim às intenções de Lacerda quanto a chegar à presidência. É certo também que, de acordo com o depoimento de Amélia Bastos, a posição da Camde diante do resultado das eleições estava muito mais de acordo com as decisões de Castello Branco e da cúpula da UDN do que com as propostas de Lacerda. Não

---

[190] Fundo Campanha da Mulher pela Democracia. (Arquivo Nacional/Codes. Documentos Privados. Código PE. Caixa 38. Pasta 1.) Recorte de jornal: "Camde a Castello: isto que está aí ameaça desmoronar". *Diário de Notícias*, 10 out. 1965.

obstante, e apesar também de suas posições individualistas — contrariando às vezes as decisões de seu próprio partido —, o então governador da Guanabara só deixou de ser uma *opção* plausível de liderança civil — não somente na Camde, mas entre os setores civis que o apoiavam, sobretudo na Guanabara — quando, em 1966, deu início às articulações para formar a Frente Ampla de oposição à ditadura, juntamente com seus antigos adversários políticos, João Goulart e Juscelino Kubitschek. Uma vez aliado a Goulart, contra quem o golpe foi dado em 1964, Lacerda já não podia ser mais considerado um "homem da Revolução".

Alguns dias após as eleições estaduais, a Camde realizava suas eleições internas. A chapa Conservadora, que mantinha Amélia Bastos na presidência e as diretoras-fundadoras do núcleo de Ipanema nas vice-presidências, tesouraria e outros cargos de liderança, saiu vencedora por uma pequena margem de votos: 64 contra 56 da chapa de oposição, que se intitulava *Renovadora*.[191] Após os resultados das eleições, as componentes da chapa Renovadora deixaram a Camde. Alegavam insatisfação porque a Camde não havia tomado nenhuma providência para impedir que os "comunistas voltassem ao poder". Na verdade, as dissidentes diziam-se insatisfeitas desde a composição do ministério de Castello Branco. Uma das dissidentes, Iara Macedo Meneses, declarava à reportagem do *Jornal do Brasil*:

---

[191] Presidente: Amélia Molina Bastos; 1ª vice-presidente: Cordélia de Sá Lessa; 2ª vice-presidente: Maria Helena da Gama Câmara; secretária: Maria Pook Kanitz; tesoureira: Lúcia Peixoto Jobim; relações públicas: Eudoxia Ribeiro Dantas. O Conselho Diretor também era composto inteiro pelas fundadoras do núcleo de Ipanema: Eudoxia Ribeiro Dantas, Lúcia Peixoto Jobim, Vilma Pook Kanitz, Maria Helena da Gama Câmara, Maria do Carmo Vance, Cordélia de Sá Lessa, Gilda Jorge de Paiva Cortes, Ester de Proença Lago, Iaci Pego de Amorim Azevedo, Maria de Lurdes Reis Barbosa Melo, Marina Brígido, Amélia Molina Bastos, Sheila Moreira Barbosa, Lúcia Fonseca de Carvalho Neiva, Odete Bouças de Siqueira, Iolanda Bouças Montenegro, Ivone de Souza Acioli, Mavi Ache Assunção Harmon, Dulce Maria Azevedo Holzmeister, Vera Falcão Matos e Lídia de Oliveira Carvalho. Cf. Fundo Campanha da Mulher pela Democracia. (Arquivo Nacional/Codes. Documentos Privados. Código PE. Caixa 40. Pasta 4.) Recorte de jornal: "Renovadoras perdem eleição e ameaçam deixar a Camde". *Jornal do Brasil*, 22 out. 1965.

> Discordamos do presidente Castello Branco. Não nos referimos ao homem íntegro que ele é, mas à sua ação política. Depois de tanto trabalho que tivemos, a sua ascensão à presidência foi um alívio para todas nós. Quando ele escolheu seu ministério, nós não gostamos, mas preferimos calar porque eram homens escolhidos pelo presidente Castello Branco, em quem depositávamos nossa inteira confiança. Esperamos os frutos do seu governo, porém verificamos que ele se acomodou demais. A Camde pode ser apartidária, mas esse apartidarismo tem limites. Se a Camde defende a democracia, no caso do sr. Negrão de Lima, que estava sendo abertamente apoiado pelos corruptos e subversivos, participando, inclusive, dos seus comícios, a Camde não podia acomodar-se. Tinha que ir para a rua explicar aos menos avisados que os banidos pela Revolução estavam querendo voltar.[192]

Em seguida, as dissidentes da Camde foram acolhidas pela Liga Democrática Radical (Lider), que era um movimento militar fundado, logo após o golpe de 1964, pelo coronel do Exército Osneli Leite Martinelli, e integrava a chamada *linha-dura*. Realizou constante oposição ao governo Castello Branco por considerar sua atuação, diante de elementos ligados ao governo deposto, demasiado branda.[193] Em outubro de 1965, após os resultados das eleições estaduais e a decisão do marechal-presidente de empossar os governadores eleitos pelo PTB, os integrantes da Lider intensificaram os ataques a Castello Branco e ameaçavam: "se afastamos um presidente marginal, afastaremos um traidor".[194]

As dissidentes da Camde, lideradas pela esposa do coronel Martinelli, dona Elisabeta Martinelli, do núcleo Tijuca,[195] aderiram aos protestos da Lider, fundando um grupo denominado *Revolucionárias de Verdade*, que

---

192 *Jornal do Brasil*, 22 out. 1965.

193 Cf. Lamarão (2001).

194 "Capitães fazem manifesto contra Castello". *Tribuna da Imprensa*, 14 out. 1965.

195 A Tijuca era conhecida como reduto de Carlos Lacerda e da UDN. Cf. Picaluga (1980): As votações de Carlos Lacerda e dos candidatos da UDN na 7ª Zona Eleitoral (Tijuca, Andaraí, Grajaú e Vila Isabel).

funcionava dentro da liga[196] e divulgaram um manifesto no qual exigiam o expurgo de elementos vinculados ao governo Goulart, reiterando que "não queriam uma Revolução tímida e acovardada diante dos seus inimigos". E prosseguiam:

> Em nome do povo brasileiro, trazemos o nosso apelo no sentido de que seja retomada quanto antes a marcha revolucionária iniciada em março de 1964, que sob pretexto algum e na defesa dos ideais democráticos da Revolução, não seja consentida a volta de quaisquer elementos vinculados ao passado decomposto.[197]

A *Tribuna da Imprensa* dava, neste momento, ampla cobertura às manifestações da Lider e das dissidentes da Camde, isso porque esses grupos manifestavam opiniões muito próximas às de Lacerda, ou seja: acusavam Castello Branco de se conciliar com políticos ligados ao governo deposto e, naquele momento, exigiam — no caso específico da Guanabara — que não fosse dada posse a Negrão de Lima. O jornal continuava também buscando enfatizar as bases sociais de apoio a Lacerda noticiando a contínua adesão de grupos femininos que, ainda no calor dos acontecimentos de outubro, mandavam confeccionar uma rosa de ouro para dar de presente a Lacerda "pelo muito que fez nos cinco anos em que governou a cidade-estado".[198]

E ficava evidente, também, certa divisão de posições que, no caso da Guanabara, colocava de um lado o grupo feminino dissidente da Camde, apoiado pela *Tribuna* e, de outro, a chapa Conservadora da Camde, apoiada pelo *O Globo*. No discurso proferido quando da sessão em que foi eleita a diretoria da associação, Odete Bouças de Siqueira, sócia-fundadora do núcleo de Ipanema, pedia que o grupo se mantivesse coeso e enfatizava que

---

[196] "Dissidentes da Camde vão marchar de novo". *Tribuna da Imprensa*, 25 out. 1965.

[197] "Assembleia do CM [Clube Militar] reacende crise militar". *Tribuna da Imprensa*, 17 out. 1965.

[198] "Senhoras do Rio e São Paulo ofertarão rosa de ouro a CL". *Tribuna da Imprensa*, 17 out. 1965.

"não podemos nem devemos ter qualquer espécie de partidarismo político ou mesmo jornalístico",[199] numa clara referência às posições pró-Castello Branco/*O Globo* ou pró-Lacerda/*Tribuna*, que naquela circunstância cindiam, de fato, a associação.

Na conjuntura imediatamente pós-eleições de 1965, e mesmo um pouco antes, Lacerda se aproximava cada vez mais da *linha-dura*, anticastellista.[200] E, se considerarmos o *golpismo* uma característica inerente à UDN e um traço ainda mais evidente da UDN lacerdista, podemos entender bem a posição de Lacerda pró-*linha-dura*, da qual determinados setores — a Lider, por exemplo — chegaram mesmo a cogitar derrubar Castello Branco da presidência.[201] É, portanto, na conjuntura das eleições de 1965 que a Camde rompe de fato com Lacerda, o qual deu apoio irrestrito, através de seu jornal, às mulheres que saíram da Camde por discordarem da posição do grupo, favorável a Castello.

Assim, embora a configuração deste cenário a princípio faça parecer que as dissidentes da Camde, assim como Carlos Lacerda, adotaram uma postura mais radical, próxima à *linha-dura* e, por consequência, o grupo conservador da Camde, castellista, tenha tomado uma posição moderada, esta é uma visão superficial. Não faz mais que consolidar uma visão mistificadora e simplista de acordo com a qual o mandato de Castello Branco foi moderado e, somente depois, a ditadura *escancarou-se*, sobretudo a partir de 1968, com o AI-5, o *golpe dentro do golpe*.

Ora, não podemos esquecer que antes que terminasse o conturbado mês de outubro de 1965, Castello Branco baixava o Ato Institucional nº 2, estabelecendo eleições indiretas para presidente e vice-presidente da República, a extinção dos partidos políticos então existentes e a suspensão do direito a *habeas corpus*, além de conceder ao presidente da República o

---

[199] Cf. Fundo Campanha da Mulher pela Democracia. (Arquivo Nacional/Codes. Documentos Privados. Código PE. Caixa 40. Pasta 4.) Recorte de jornal: "A Camde só tem um interesse: preservar o regime democrático". *O Globo*, 21 out. 1965.

[200] Benevides, 1981, p. 130.

[201] Cf. Lamarão, 2001.

poder de cassar mandatos e suspender direitos políticos por até 10 anos. A Camde deu amplo apoio ao AI-2 e enviou o seguinte telegrama ao presidente:

> A Campanha da Mulher pela Democracia, Camde, congratula-se com Vossa Excelência pela ação eficaz, enérgica e patriótica, em defesa dos altos objetivos revolucionários contida na edição do 2º Ato Institucional. Atentas às maquinações de elementos que desejam anular os efeitos desse ato, tomamos a liberdade de alertar, mui respeitosamente, a Vossa Excelência, no sentido de que o faça atingir não só a estrutura dos órgãos governamentais como também as infraestruturas, muitas vezes responsáveis pelas dificuldades encontradas no passado. Fazemos votos para que Vossa Excelência prossiga com firmeza e tenacidade congregando forças para que tenhamos um Brasil recuperado para a democracia.[202]

Não se pode, de forma alguma, pensar que uma associação civil que enviou um telegrama nesses termos ao presidente da República, solidarizando-se com o AI-2 e ainda pedindo que sua ação fosse estendida a outros setores que não os governamentais, adotasse uma postura *moderada*. Aliás, este telegrama da Camde faz referência a uma definição de democracia muito cara ao *golpismo* udenista: a de que o país precisava ser *preparado* para a democracia. Este, aliás, era um argumento comum não somente aos setores da UDN que apoiaram o AI-2, como também uma premissa do próprio Carlos Lacerda e de seus seguidores, desde, é claro, que esta "preparação do povo para a democracia" não atingisse as suas pretensões eleitorais, como fez o AI-2.

Mais tarde, a Lider foi extinta.[203] Lacerda afastou-se do governo da Guanabara ainda em novembro de 1965, sendo substituído pelo vice-governador, Rafael

---

[202] Fundo Campanha da Mulher pela Democracia. (Arquivo Nacional/Codes. Documentos Privados. Código PE. Caixa 40. Pasta 4.) Recorte de jornal: "A Camde leva seu apoio à edição do Ato Institucional". Jornal não identificado, out. 1965.
[203] Lamarão, 2001.

Magalhães. Em 1966 dava início às articulações para formar a Frente Ampla, posta na ilegalidade em 1967. Foi preso e cassado pelo AI-5 em 1968.[204]

Em suma, o AI-2 deve ser entendido como um instrumento que permitiu o endurecimento progressivo da ditadura. Os resultados das eleições de outubro intensificaram as pressões da *linha-dura* no sentido do fechamento do regime, pressões essas com as quais Lacerda partilhou. Não obstante, a posição de Castello Branco e a edição do ato não devem ser compreendidas unicamente pelo viés das pressões da *linha-dura*. Ao contrário, o AI-2 atingiu muitos setores da *linha-dura*, como a própria Lider e o governador da Guanabara. O ato foi, dessa forma, um mecanismo que garantiria ao presidente a governabilidade e o aprofundamento da *operação limpeza*. Nesse sentido, foi muito bem recebido pelos segmentos sociais que apoiavam a "Revolução", vendo no AI-2 uma forma de garanti-la. Ao manifestar o apoio a esta medida, a Camde, por exemplo, estava se manifestando a favor do fechamento ditatorial do regime, recorrendo, para isso, à ideia segundo a qual era necessário preservar a "democracia" no país.

---

[204] Cf. Keller (2001).

2

EU NASCI NO RIO DE JANEIRO, EM BOTAFOGO. MEUS PAIS TAMBÉM ERAM CARIOCAS, NASCIDOS AQUI NA CAPITAL. SOU DE UMA FAMÍLIA CATÓLICA. CRIADA NA RELIGIÃO CATÓLICA. ATÉ HOJE EU SOU CATÓLICA, PRATICANTE, ME ENGAJO EM VÁRIAS PASTORAIS NA COMUNIDADE.

EU SOU VIÚVA DUAS VEZES. COM MEU PRIMEIRO MARIDO TIVE CINCO FILHOS, COM MEU SEGUNDO MARIDO COMEÇAMOS A TER NETOS. EU TENHO 15 NETOS HOJE EM DIA, GRAÇAS A DEUS! E UM BISNETO QUE ACABOU DE NASCER E ESTOU ESPERANDO OUTRO. TENHO UMA FAMÍLIA GRANDE, GRAÇAS A DEUS, TODOS BEM. UMA FAMÍLIA HARMONIOSA.

E EU SEMPRE ME ENGAJEI EM TRABALHOS DE ASSISTÊNCIA SOCIAL, VOLUNTÁRIO. TRABALHEI NA CASA DA CRIANÇA... ISSO TUDO EU COMECEI A FAZER DEPOIS QUE MEUS FILHOS JÁ ESTAVAM CRESCIDOS, JÁ ESTAVAM NO GINÁSIO E NÃO PRECISAVAM MAIS DA MINHA ATENÇÃO. E PRIMEIRO TRABALHEI NA CASA DA CRIANÇA E DEPOIS JÁ NA FAVELA.

NA OCASIÃO DA CAMDE, QUE EU ME ENVOLVI NESSE MOVIMENTO, COMEÇOU A SURGIR A PREOCUPAÇÃO POLÍTICA PELAS COISAS QUE ESTAVAM SE PASSANDO, TODO MUNDO MUITO PREOCUPADO COM OS RUMOS QUE A SITUAÇÃO AQUI TOMAVA. ENTÃO EU SOUBE DESSE MOVIMENTO DESSAS MULHERES E ME ENGAJEI PARA TRABALHAR COM ELAS.

Entrevista concedida à autora por uma associada
que solicitou anonimato. Rio de Janeiro, 28 ago. 2006.

2 "A revolução autêntica, foi tua mãe quem a fez"[205]: o público e o privado na militância política da Camde

"Contra o comunismo, não! Em defesa da democracia"[206]: retórica anticomunista e apoio masculino

A compreensão do sentido da militância da Camde passa pelo entendimento da importância de determinados valores na organização do cotidiano dessas mulheres. Assim, não podemos perder de vista o fato de que as lideranças da associação pertenciam em geral às elites cariocas, frequentavam a Igreja Católica e não exerciam atividades remuneradas, ou seja, eram em sua maioria donas de casa. Ainda quando exerciam atividades remuneradas, estas eram consideradas tipicamente femininas como, por exemplo, a de professora primária. Este era o caso da própria presidente da associação, Amélia Molina Bastos.[207]

Nesse sentido, ainda que mudanças conjunturais alterassem a ênfase em um ou outro aspecto, alguns elementos que caracterizavam sua prática polí-

---

[205] Citação retirada de Matias, s.d..

[206] Trecho retirado da entrevista concedida a Stella M. Senra Pollanah sob o título "D. Amélia Molina Bastos ou como e onde marcha a Camde", publicada em *Livro de Cabeceira da Mulher* (1967:165).

[207] Sobre as profissões que seriam tipicamente femininas, Perrot (1994:508) explica: "Ensinar, tratar, assistir: essa tripla missão constitui a base de 'profissões femininas' que, por muito tempo terão a marca da vocação e do voluntariado".

tica se mantiveram inalterados ao longo dos 12 anos em que a Camde exerceu atividades políticas. São eles: o anticomunismo exacerbado, a defesa do que elas chamavam de uma "democracia fortalecida"[208] e o fato de se apresentarem publicamente como *mães, esposas e donas de casa*, preocupadas com o futuro de suas famílias, como meio de legitimar suas atividades públicas, ou seja, um desejado apoliticismo e um claro apartidarismo. Estes pontos permeiam toda a militância da Camde e, de certa forma, constituem a razão de ser da associação, além de ajudarem a compreender elementos importantes que conformam uma determinada cultura política[209] característica dos segmentos conservadores da sociedade brasileira nos anos 1960 e 1970.

É importante destacar que, no discurso da Camde e no de outros grupos anticomunistas em geral, democracia e anticomunismo se fundiam para dar a tônica de um discurso que se caracterizava por defender pressupostos bastante autoritários. Deve-se compreender, sobretudo se levarmos em consideração o contexto mais amplo da Guerra Fria, que a defesa da democracia proclamada pelos setores mais conservadores da sociedade está intimamente relacionada ao expurgo do comunismo. De acordo com Motta, analisando o período que precedeu ao golpe, a retórica que procurava opor democracia e comunismo foi bastante utilizada por grupos anticomunistas em todo o país. No entanto, o emprego da sua ideia de democracia não significava afirmar a participação popular em contraposição ao autoritarismo comunista, mas opor a ordem à "ameaça revolucionária".[210] Em certa medida, pode-se afirmar, aliás, que o argumento anticomunista foi o amálgama capaz de unir, em um mesmo discurso, elementos como a defesa da democracia e da ordem constitucional ao fato de essas mulheres se apresentarem publicamente como seres privados, sendo *mães* que precisavam defender seus lares do *"perigo vermelho"*.

---

[208] Fundo Campanha da Mulher pela Democracia. (Arquivo Nacional/Codes. Documentos Privados. Código PE. Caixa 38. Pasta 1.) Recorte de jornal: "Mulheres vão às ruas lutar pelo regime". *Diário de Notícias*, 22 abr. 1964, Primeira Seção, p. 9.

[209] Sobre o conceito de cultura política, ver Berstein (1998).

[210] Motta, 2002, p. 40.

Além disso, é justamente o teor fortemente anticomunista do discurso, da Camde em particular, que nos permite compreender o sentido eminentemente autoritário e conservador que permeava a militância política deste grupo. Assim, a associação feminina fundamentava suas posturas políticas a partir da oposição binária entre comunismo de um lado e democracia de outro. Para que esta última fosse mantida, e junto com ela instituições como a família e a Igreja, precisava estruturar-se em bases fortes e, desta forma, manter afastada a *ameaça comunista*. Justificavam-se, então, pela vontade de preservar as instituições ocidentais então ameaçadas, a deposição do governo reformista de João Goulart, a intervenção militar em 1964 e o caminho traçado para a institucionalização da ditadura a partir de então.

Neste capítulo, interessa principalmente um aspecto em particular do discurso da Camde, qual seja, o fato de suas militantes se apresentarem publicamente como *mães*, *esposas* e *donas de casa*. Dessa forma, preocupa-nos analisar as especificidades da inserção e militância política deste grupo de mulheres das elites e classes médias[211] cariocas que compunham as fileiras da associação entre 1962 e 1974.

Assim, na medida em que justamente o que autorizava a atuação pública dessas mulheres era sua condição de ser privado, e tal condição era, na verdade, uma *reivindicação* destas mulheres, importa discutir a questão da limitação do papel feminino à esfera privada por essas mulheres como elemento essencial na construção das relações de gênero no Brasil daquele período. E, uma vez que o conceito de gênero é "um primeiro modo de dar significado às relações de poder",[212] observar as formas a partir das quais estas relações se expressam, por vezes com as mulheres reclamando sua condição de subalternidade, contribui para tornar mais complexa e ampliar as possibilidades de análise dos processos de construção de uma *cidadania feminina* no Brasil.

---

211 Sobre a "composição de classe" da Camde e dos demais grupos femininos, ver: Simões (1985); Presot (2004).

212 Scott, 1990.

É preciso, pois, ter em vista que a condição feminina reclamada pelas mulheres da Camde evidenciava ainda mais o tom anticomunista de seu discurso: a partir do momento em que se colocavam como *mães, esposas e donas de casa,* sentiam-se aptas a se posicionar em defesa da família, da religião e da pátria, instituições que estariam ameaçadas pelo que elas consideravam a "infiltração comunista" no governo e no país em geral. Sob este aspecto, o manifesto de lançamento da Camde expõe, com propriedade, as motivações daquelas mulheres que, então, se articulavam politicamente:

> A mulher paulista já se pronunciou, num verdadeiro brado de alerta, e nós temos a honra de tornar pública a nossa adesão à sua causa que é também a nossa e de *toda mãe brasileira*. Não podemos esquecer os trágicos acontecimentos de 1935 quando, na calada da noite, perderam a vida os brasileiros que não se curvaram aos comunistas [...] e é para evitar outra madrugada de sangue e luto que se torna necessário que a mulher brasileira forme um bloco unido, que *defenda seus lares e filhos*.[213] [grifos meus].

O argumento de uma suposta *ameaça comunista* torna-se central para explicar a organização destas mulheres. O comunismo é considerado pelo discurso conservador um regime "estranho" às instituições, às tradições e ao modo de vida ocidental e, nesse sentido, pode ser responsável pela destruição dessas matrizes; daí a referência, logo no manifesto de lançamento da Camde, ao levante comunista de 1935, evento que ocupa lugar importante no imaginário anticomunista.[214]

Partindo, então, do suposto de que a família é considerada uma destas instituições-base do Ocidente, o comunismo, uma vez instalado no país, seria responsável por seu aniquilamento. Urgia, portanto, que as mulheres se organizassem em beneficio da defesa de seus lares. E como este tipo

---

[213] "A mulher brasileira está nas trincheiras". *O Globo*, 12 jul. 1962, p. 2.

[214] Motta, 2002.

de mobilização política tinha como objetivo final a preservação da ordem e dos tradicionais papéis reservados ao homem e à mulher numa estrutura de sociedade patriarcal, as *esposas* da Camde tiveram importante apoio dos maridos, o qual era fundamental tendo em vista que essas mulheres reconheciam, antes de tudo, o lugar ocupado por elas na família e na sociedade.

Nesse sentido, não seria possível para as associadas da Camde *saírem* do espaço privado sem o aval dos maridos. Estes, por sua vez, entendendo que aquele era um momento de exceção, "compreenderam e deixaram"[215] que suas esposas se afastassem temporariamente dos afazeres domésticos e se engajassem na defesa da família, da pátria e da religião.

Portanto, levando-se em consideração as particularidades do modelo de cidadania e participação política praticado pela Camde, as quais deveriam abranger aspectos de uma luta política sem, contudo, romper com o tradicional lugar reservado à mulher, a permissão do marido para que essas mulheres agissem politicamente era fundamental. Ora cerceando algumas atitudes, ora dando apoio irrestrito, os maridos eram peças-chave, visto que as mulheres agiam em nome da preservação de um modelo de família patriarcal. Em seu livro de memórias, Eudoxia Ribeiro Dantas, ex-diretora e ex-presidente da Camde, conta-nos sobre o discurso que faria em frente à residência do marechal Castello Branco pedindo a sua indicação para a presidência da República, ficando patente o apoio do marido, José Bento Ribeiro Dantas, nesta ocasião:

> Escrevi um discurso sincero, confessando-nos mulheres brasileiras no nosso completo alheamento da política e ignorantes do perigo que rondava nossos lares, nossos filhos [...] Receoso da minha inexperiência, Bento pedira a um dos secretários do Centro Industrial que fizesse um discurso para me socorrer. Porém lendo o meu, apesar de escrito cercada pela minha neta

[215] Fundo Campanha da Mulher pela Democracia. (Arquivo Nacional/Codes. Documentos Privados. Código PE. Caixa 40. Pasta 4.) Recorte de jornal: "Las amas de casa brasileras transforman ahora el país". *El Tiempo,* Bogotá, 2 ago. 1964.

> Maria Isabel de três anos, considerou-o perfeito pela singeleza e sinceridade. Era o grito de um coração de mãe brasileira.[216]

Este trecho possui elementos importantes para compreendermos qual era o papel político desempenhado pelas mães da Camde naquela conjuntura, bem como qual era a importância que os homens possuíam na associação. Primeiramente, o marido agia quase como um *tutor* da esposa, sentindo-se responsável por suas atividades e, sobretudo, cônscio de que o lugar dela não era a política, mas sim o lar. Dessa forma, via-se obrigado a auxiliá-la quando esta se envolvia em assuntos que não correspondiam à sua esfera de atuação.

Mais que isso, não se pode desconsiderar o tom de *gratidão* pela preocupação do marido contido nas palavras de Eudoxia. Gratidão esta que demonstrava o reconhecimento de que o espaço público do fazer político não lhe era próprio, visto que ela mesma se define, e também às demais *mães brasileiras,* como "ignorantes e alheias aos assuntos políticos" do país. Particularmente, no caso de José Bento Ribeiro Dantas, ele teve ainda um papel importante na promoção e viabilização das atividades desenvolvidas pela Camde: diretor da empresa de aviação Cruzeiro do Sul e presidente por duas vezes do Centro Industrial do Rio de Janeiro, ele foi patrocinador de algumas das viagens feitas por senhoras da Camde pelo Brasil e por outros países.

Outra imagem interessante é a de que Eudoxia escreve seu discurso cercada pela neta, o que mais uma vez não somente dá a medida da interseção entre público e privado na militância da Camde, mas indica, de certa forma, a preponderância do privado.[217]

Ainda sobre a função dos maridos, nem sempre estes tiveram o papel de incentivador. Embora reconhecessem a importância da ação feminina naquela conjuntura, algumas *extravagâncias* foram impedidas pelos maridos.

---

[216] Dantas, 1998, p. 90.

[217] Uma análise mais demorada sobre os eventos narrados na autobiografia de Eudoxia Ribeiro Dantas encontra-se no capítulo 3 desta obra.

Este foi o caso da viagem à Tailândia, quando a Camde foi convidada a participar da II Conferência da Liga Anticomunista Internacional. Uma das diretoras escaladas para acompanhar a presidente foi substituída na última hora porque seu marido não permitiu que ela viajasse.[218]

Na entrevista que concederam, este fato era tratado pelas diretoras da Camde com absoluta naturalidade, o que mais uma vez indica o reconhecimento da situação de subalternidade das mulheres em relação aos maridos. É provável ainda que tal situação já estivesse de tal forma internalizada que nem soasse como *subalternidade*, mas apenas como a admissão ou aceitação de que aquela era a ordem *natural* das coisas. Para o *patriarca*, era aceitável a ideia de que as mulheres se ausentassem temporária e parcialmente dos lares em prol de uma militância política em favor de uma "revolução" conservadora dos valores e instituições que lhes eram tão caros. Todavia, uma ausência maior, representada por uma viagem tão longa, já não era aceitável. Àquela mulher, cabia, pois, acatar a ordem do marido e não viajar.

Para além da atuação dos maridos e do seu consentimento, que possuíam importância central para o cotidiano das ações da Camde, de um modo geral, desde a fundação da entidade, os homens tiveram papel significativo na organização das atividades desenvolvidas e mesmo no patrocínio e mobilização das mulheres. Na reunião em que nasceu a ideia de constituir a Camde, na casa de Amélia Molina Bastos, estavam presentes — como vimos no capítulo 1 — o padre da paróquia de Ipanema, o economista Glycon de Paiva e o general Antonio de Mendonça Molina. Este último, quando faleceu, foi homenageado pela Camde como sendo *fundador, idealizador e mobilizador* da ação das mulheres em 1964.[219]

Muitos dos maridos das associadas da Camde eram empresários e/ou militares ligados ao Instituto de Pesquisa e Estudos Sociais (Ipês): além de

---

218 Entrevista concedida à autora por uma associada que solicitou anonimato. Rio de Janeiro, 12 set. 2006.

219 Fundo Campanha da Mulher pela Democracia. (Arquivo Nacional/Codes. Documentos Privados. Código PE. Caixa 46. Pasta 1.) Discurso da sra. Cordélia de Sá Lessa, vice-presidente da Camde, na inauguração do retrato do general Molina. Anexo do relatório de agosto de 1966.

José Bento Ribeiro Dantas, sócio-fundador do Ipês e marido de Eudoxia Ribeiro Dantas, também pudemos identificar Jorge Bhering de Mattos, marido de Vera Maria Falcão Bhering de Mattos, militante da Camde.[220] Em seu livro de memórias, ao relatar sobre a organização interna da Camde, Eudoxia Dantas afirma que "Vera Mattos e Ester Proença Lago faziam contatos e traziam notícias do meio social e empresarial", o que leva a concluir que o contato que Vera Bhering de Mattos possuía com o "meio empresarial" era articulado através do marido, Jorge Bhering de Mattos. Por outro lado, havia muitos outros homens ligados ao mesmo tempo ao Ipês e à Camde: o próprio general Molina e também Glycon de Paiva, articuladores da primeira reunião das mulheres, eram dois importantes membros deste instituto.[221] Também a Cruzeiro do Sul, empresa da qual José Bento Ribeiro Dantas era diretor, foi uma das principais contribuintes do Ipês.[222]

Criado em 1961, este órgão era composto por empresários, "tecno-empresários" e militares ligados à *burguesia multinacional e associada,*[223] e atuava "publicando livretos e folhetos, patrocinando palestras, financiando viagens de estudantes aos Estados Unidos e ajudando a sustentar associações democráticas estudantis e operárias".[224] Na definição do Ipês, a Camde seria uma dessas "associações democráticas" que, embora não fosse nem estudantil nem operária, o instituto ajudava a sustentar.

Portanto, em virtude das estreitas ligações, não apenas financeiras, mas também de parentesco existentes entre membros da Camde e de outros gru-

---

[220] Cf. Fundo Campanha da Mulher pela Democracia. (Arquivo Nacional/Codes. Documentos Privados. Código QL. Caixa 25. Pacote 2.) Lista de sócios-fundadores. Estatutos do Ipês/GB, p. 20; Dantas,1998, p. 82.

[221] Cf. Fundo Instituto de Pesquisa e Estudos Sociais. (Arquivo Nacional/Codes. Documentos Privados. Código QL. Caixa 25. Pacote 2.) Lista de sócios-fundadores, p. 21; entrevista concedida a Stella M. Senra Pollanah sob o título "D. Amélia Molina Bastos ou como e onde marcha a Camde", publicada em *Livro de Cabeceira da Mulher* (1967).

[222] Cf. Assis (2001:69-71).

[223] Dreifuss, 1981.

[224] Fundo Instituto de Pesquisa e Estudos Sociais. (Arquivo Nacional/Codes. Documentos privados. Código QL. Caixa 21.) Apostila: "Quando homens de empresas viraram revolucionários", 1964. *Fortune*, set. 1964. Traduzida para o português, (ms.).

pos femininos com membros do Ipês, importantes trabalhos acadêmicos tenderam a considerar os primeiros como "braços femininos" deste último.[225] Solange de Deus Simões, por exemplo, questiona-se a respeito do significado da presença de "conspiradores civis e militares, masculinos, na fundação dos grupos femininos" e, mais que isso, sugere a reflexão em torno da possibilidade de as mulheres terem se organizado de forma autônoma ou terem sido *instrumentalizadas* por "outras organizações políticas". Em seguida, chama a atenção para o fato de que os homens que colaboraram com a criação dos grupos femininos eram, em geral, conspiradores ligados ao Ipês.[226]

Nesse sentido, estes trabalhos enfatizavam a importância do papel do Ipês não somente na articulação, mobilização e financiamento dos grupos femininos, mas também de outros grupos. Estes eram considerados instrumentos da *ação de classe da burguesia multinacional associada*. De acordo com René Dreifuss, por exemplo, em seu trabalho pioneiro sobre a participação da sociedade civil no golpe de 1964,

> a elite orgânica se empenhava na fusão dos militantes grupos antigovernistas que se encontravam dispersos. Ela instituiu organizações de cobertura para operações encobertas (penetração e contenção) dentro dos movimentos estudantis e operários e desencorajou a mobilização dos camponeses. Estabeleceu ainda uma bem organizada presença política no Congresso e coordenou esforços de todas as facções de centro-direita em oposição ao governo e à esquerda trabalhista. A elite orgânica também estabeleceu o que pode ser considerado como o efetivo controle da mídia audiovisual e da imprensa de todo o país.[227]

De acordo com essa interpretação, o Ipês teria tido a capacidade de congregar sob sua organização diferentes segmentos sociais que se caracteriza-

[225] Os trabalhos mais significativos que seguem esta linha são os de Dreifuss (1981), Simões (1985) e Starling (1986).

[226] Simões, 1985, p. 35-36.

[227] Dreifuss, 1981, p. 164.

riam pela insatisfação com o governo "nacional-reformista" de Goulart. Assim, a "elite orgânica" reunida no Ipês "modelaria as forças sociais burguesas em uma classe" com vistas a alcançar o poder do Estado.[228] Para além da inquestionável contribuição acadêmica destes trabalhos — o de Dreifuss em particular —, os quais trataram pela primeira vez da importância da ação de grupos civis organizados da sociedade nos acontecimentos de 1964, eles tenderam a superestimar a capacidade que associações como o Ipês teriam de conduzir os processos históricos, deixando entender que a classe média recebia passivamente as mensagens do instituto.[229]

Mais que isso: em certa medida essas interpretações não acabaram, elas mesmas, por assumir o próprio discurso ipesiano ao incorporar a capacidade do instituto de mobilizar e mesmo *formar* uma opinião pública? Ou, nos termos de Dreifuss, de destacar o êxito da *elite orgânica* em lançar uma campanha "político-militar que mobilizaria o conjunto da burguesia, convenceria os segmentos relevantes das Forças Armadas da justiça de sua causa, neutralizaria a dissensão e obteria o apoio dos tradicionais setores empresariais, bem como a adesão ou passividade das camadas sociais subalternas"?[230]

De forma similar, mesmo o folheto editado pelo instituto e intitulado *O que é o Ipês*, por exemplo, era categórico ao afirmar que

> a finalidade do Ipês é o estudo de soluções democráticas para os problemas colocados pelo desenvolvimento nacional, e a *formação legítima de uma opinião pública, esclarecida e participante*, visando ao fortalecimento do regime e ao progresso econômico e social.[231] [grifos meus].

Nesse sentido, assim como transparece no discurso dos empresários, esta historiografia acabou reforçando a habilidade que o Ipês teria em conduzir

---

[228] Dreifuss, 1981, p. 162.

[229] Fico, 2004. p. 37.

[230] Dreifuss, 1981, p. 229.

[231] Fundo Instituto de Pesquisa e Estudos Sociais. (Arquivo Nacional/Codes. Documentos Privados. Código QL. Caixa 13. Pacote 3.) O que é o Ipês.

os processos históricos,[232] em "organizar grupos de pressão", com vistas a conseguir que "seus interesses tivessem expressão a nível de governo".[233] Assim, incorpora-se o discurso das classes empresariais e deixa-se de considerar o peso que determinados valores e instituições — como, por exemplo, o medo de que o comunismo destruísse a família e a religião — possuíam para o imaginário político brasileiro, e aqui vale lembrar, presente não exclusivamente entre as elites. Sob este ponto de vista, as inúmeras associações civis que mantinham ligações com o Ipês nada mais seriam que parte de uma estratégia grandiosa de *formação de opinião pública*, com vistas a alcançar o poder do Estado.

Esta é exatamente a visão que os empresários ipesianos possuíam do papel da associação. Emana da documentação produzida pela *elite orgânica* reunida no Ipês uma necessidade latente de "formar lideranças" que pudessem mobilizar a *opinião pública* para sua causa. Na mesma proporção, as entidades que participavam dos cursos de formação de liderança do Ipês tomavam para si também a tarefa de *mobilizar a opinião pública.*

No caso particular das mulheres, há que se destacar que, provavelmente por se identificarem e organizarem como *mães*, o público que consideravam importante mobilizar e *conscientizar* era formado por jovens estudantes de classe média. De toda forma, a primeira manifestação organizada pela Camde, logo após sua fundação em 1962, ou seja, o protesto levado ao jornal *O Globo* contra a nomeação de San Tiago Dantas para o cargo de primeiro-ministro, foi lembrado pela reportagem "A nação que se salvou a si mesma" da seguinte forma: "o protesto não sustou a nomeação, mas estabeleceu o poder das mulheres para influenciar a opinião pública".[234]

É preciso considerar, pois, que este ponto de vista — de acordo com o qual a burguesia reunida no Ipês deveria mobilizar grupos de pressão para que estes *formassem* uma opinião pública favorável à sua causa — era o lugar-comum de onde partiam os próprios ipesianos com o objetivo de *con-*

---

[232] Fico, 2004, p. 37.

[233] Dreifuss, 1981, p. 104.

[234] "A nação que se salvou a si mesma". *Seleções* de Reader's Digest, nov. 1964.

quistar o Estado. Tomar para si a tarefa de *manipular a opinião pública* a seu favor era, sob este aspecto, parte da estratégia organizada pelos próprios empresários reunidos no Ipês.

Não obstante, é necessário que se compreenda a adesão de expressivos segmentos organizados da sociedade à causa do Ipês, partindo de um ponto vista que não seja o dos próprios ipesianos. É preciso entender a participação social na mobilização que levou ao golpe de 1964 e ao consenso em torno do regime instaurado em seguida, a partir de um viés que não seja somente o da *manipulação* de uns por outros. Há que se analisar a adesão social ao regime tendo em vista a complexidade dos comportamentos coletivos, tendo em vista também, além da lógica material — importante para se compreender a mobilização das elites em torno do golpe —, a lógica simbólica que envolvia e organizava os valores que regiam o cotidiano dessas pessoas.

Importante também, para compreendermos a adesão de grupos sociais diversos à causa do Ipês, tomar o conceito de *opinião pública* de forma diferente da que partiam os próprios empresários. Ou seja, é preciso entender que a *opinião pública* não é algo passível de ser manipulado ou conduzido pela *ação de classe*, no caso, dos ipesianos. É preciso entendê-la em sua complexidade, como um "fenômeno coletivo",

> reflexo e afirmação de uma posição dominante no interior de um grupo social. Ela deve, como tal, ser nitidamente diferenciada da expressão conflituosa de diversas correntes minoritárias, sem que isso possa, entretanto, desconhecer a interação de seus efeitos: eles pesam sobre a evolução da opinião comum e um dentre eles pode portar em germe uma atitude potencialmente majoritária.[235]

[235] Laborie (1988:103): *"L'opinion publique est un phénomène collectif, reflet et affirmation d'une position dominante à l'intérieuer d'un groupe social. Elle doit, comme telle, être nettement différenciée de l'expression conflictuelle de divers courants minoritaires, sans que l'on puisse cependant méconnaître l'interaction de leurs effects; ils pèsent sur l'opinion commune et l'un d'entre eux peut porter en germe une attitude potentiellement majoritaire".*

Tal definição, na medida em que procura observar o movimento de uma *opinião dominante* no seio da sociedade sem deixar, contudo, de levar em consideração a profusão de opiniões que emergem nesta mesma sociedade permite, para o caso do estudo das atitudes coletivas sob a ditadura civil-militar brasileira, observar a formação de um consenso em torno do regime sem perder de vista a riqueza dos comportamentos. Além disso, chama a atenção para a importância da compreensão da *opinião,* naquele momento, como reflexo da cultura política e do imaginário coletivo de determinados segmentos sociais.

Assim, um componente significativo dos *fatos de opinião* é que estes constroem "sua realidade sobre o sentimento de sua comunidade". Dessa forma, cada indivíduo encontra a possibilidade de se reconhecer como elemento de uma coletividade, na medida em que pode perceber que seu ponto de vista é partilhado pela maior parte de um determinado grupo e está em harmonia com a identidade deste grupo.[236] Nesse sentido, torna-se fundamental observar sobre quais valores, tradições, ou sobre quais *sentimentos* se pautam o imaginário e a cultura política de determinada sociedade. Daí a importância, de acordo com Laborie, de tornar os sistemas de representação mental objeto da história, visto que "é passando precisamente pela análise dos sistemas de representação e das lógicas mentais que os fundam que o historiador pode aceder aos modos de funcionamento da opinião".[237]

Se tomarmos, então, a *opinião popular*[238] sob a ditadura não como algo passível de ser *instrumentalizado*, seja pelos empresários do Ipês, seja pelos militares, mas como *comportamentos* majoritários que se formam tendo em vista os *sistemas de representação mental* da sociedade, sua cultura política, seus valores e tradições, poderemos compreender melhor a dinâmica dos processos sociais no período — a afluência de grupos organizados da sociedade civil à causa do Ipês, seu apoio aos militares e, mais tarde, já no *apagar*

---

236 Laborie, 1988, p. 104.

237 Ibid., 2003, p. 43.

238 Para a diferenciação entre *opinião pública* e *opinião popular,* cf. Kershaw (2002:35).

das luzes do regime, a tentativa de construir uma memória que enfatize a identificação destes mesmos grupos com a causa *democrática*, relativizando — ou negando ou silenciando — a adesão à ditadura.

Particularmente, com relação à organização dos grupos femininos, principalmente no caso da Camde, outra questão levantada pela interpretação proposta por trabalhos como os de Dreifuss e Simões era que a própria maneira através da qual as mulheres se lançavam publicamente, ou seja, como *mães, esposas e donas de casa*, levava à conclusão de que elas não agiam como cidadãs, na medida mesmo em que "privatizavam" os espaços públicos da política. As mulheres teriam sido então *manipuladas* — ou *instrumentalizadas* — pelos maridos, pais, irmãos, padres, enfim, pelos homens, para agirem politicamente. As ligações político-financeiras de fato mantidas, no caso específico da Camde, entre as militantes e o Ipês seção Guanabara (Ipês/GB) colaboraram para reforçar a ideia de cooptação de uns por outros. Em março de 1967, por exemplo, às vésperas do I Congresso Sul-Americano da Mulher em defesa da Democracia, a Camde encaminhava ao Ipês um pedido de doação de livros:

> Foi lido em seguida pelo superintendente o ofício da Camde no qual aquela entidade solicitava o fornecimento de livros para o Congresso que será realizado no Hotel Glória em abril; discutido o assunto, ficou decidido que o Ipês enviaria toda a documentação disponível e que fosse solicitada ao general Xavier que pelo Centro de Biblioteconomia fosse tentada a obtenção de livros para o congresso.[239]

Em outro momento, podemos observar o *apoio logístico* dado pelo Ipês ao curso de formação de liderança que seria oferecido pela Camde: "Ainda com a palavra [o general Montagna], informou, com referência ao curso de formação de liderança pleiteado pela Camde, que a Esso prontificou-se

---

[239] Fundo Campanha da Mulher pela Democracia. (Arquivo Nacional/Codes. Documentos Privados. Código QL. Caixa 13. Pacote 1.) Ata da reunião da diretoria realizada em 23 mar. 1967. Livro de registros das atas das sessões da diretoria do Ipês/GB, p. 11-12.

a ministrá-lo, dependendo, ainda, de melhor entendimento para esquematização final".[240]

Como pudemos perceber, existiam de fato ligações relativamente estreitas entre a Camde e o Ipês. No entanto, admitir estas relações não significa supor que as mulheres passaram a agir no espaço público porque manipuladas pelos homens, estes sim, capazes de se organizar politicamente, diferentemente das mulheres, cuja organização dependeria da *instrumentalização* por parte dos maridos ou padres. Em última instância, esse tipo de leitura — assumido por alguns autores — corrobora, novamente, a visão de segmentos conservadores da sociedade — dessa vez com relação aos papéis que deveriam ser desempenhados por homens e mulheres na sociedade. Assim, ao afirmar que as mulheres se organizaram politicamente porque manipuladas pelos homens, essa interpretação confirma que o lugar dos homens é na esfera pública e, às mulheres, destina-se o mundo privado.

Não se pode apenas constatar o que já está presente no discurso das mulheres, ou seja, o fato de elas se apresentarem como *mães* e o fato de que esta afirmação confirmava o conservadorismo de suas posições. É necessário que se entenda esse argumento — de elas se definirem publicamente como seres privados — como um elemento substantivo na construção das relações de gênero no país naquele momento. Mais que isso, é essencial compreender essa postura como um fator crucial na mobilização dessas mulheres, na medida em que representava muitas de suas demandas políticas, bem como os valores nos quais elas acreditavam.

As leituras que defendem que as mulheres não agiam como cidadãs, visto que suas demandas tinham origem no mundo doméstico, definem, pois, uma separação radical entre as esferas pública e privada, o que, particularmente, para pensar o Brasil, onde o regime patriarcal[241] possui pro-

---

[240] Fundo Instituto de Pesquisa e Estudos Sociais. (Arquivo Nacional/Codes. Documentos Privados. Código QL. Caixa 64.) Ata da reunião da diretoria do Ipês/GB, março 1967.

[241] Há que se destacar que, para este trabalho, as referências ao "modelo patriarcal" de organização familiar são úteis para se compreender a maneira pela qual mulheres de uma entidade conservadora se colocavam publicamente como seres privados e submissos à

fundas raízes históricas, prejudica o entendimento dos complexos processos de constituição de modelos de cidadania.

Para o caso do estudo da ação de grupos femininos conservadores nos anos 1960, não é possível considerar uma rígida separação entre mundo público e privado se quisermos compreender de forma mais complexa sua atuação. Antes, é preciso analisá-la no ponto de interseção entre as duas esferas, apontando para o peso do discurso feminino conservador na constituição das relações de gênero no Brasil e, ao mesmo tempo, entender a participação política destas mulheres como uma opção consciente de militância conservadora em defesa de valores e instituições a partir das quais suas vidas eram organizadas.

Desse modo, o reconhecimento, por parte das mulheres, da importância dos homens na articulação, mobilização e idealização da sua militância não implica manipulação política de uns por outros. Aqui, o conceito de gênero, na medida em que se estrutura a partir da construção cultural e social do masculino e do feminino e das relações de poder entre homens e mulheres[242] pode ajudar a pensar a internalização e militância política em favor dessa condição submissa da mulher por parte de uma organização como a Camde.

Nesse sentido, é mais interessante pensar a militância política dos grupos femininos e, particularmente, da Camde como resultado da crença desses segmentos políticos em determinados valores e instituições, como a família, a religião e a pátria que estariam ameaçadas pelo "perigo comunista". E mais que isso, a defesa da família e a preservação do papel de mãe que cabia às mulheres, feitas por esses grupos, são resultado de uma construção cultural dos papéis de gênero que define a mulher prioritaria-

vontade do marido. Nø entanto, não deixamos de levar em consideração os problemas que o uso da categoria "patriarcado" trouxe para os estudos que se dedicavam particularmente à compreensão da história das mulheres. Nesse sentido, a categoria "gênero" passou a ser "oferecida como categoria de análise alternativa ao patriarcado" na medida em que possibilitava compreender "realidades empíricas diversas", operacionalizando relações de poder. Cf. Piscitelli (2004:51).

[242] Thébaud, 2004, p. 67.

mente como *mãe*. Não seriam, portanto, decorrência da arregimentação de uma instituição exterior, que certamente — como demonstram estes trabalhos — mantinham estreitas ligações com os grupos femininos. Todavia, tais ligações teriam muito mais um sentido de trocas de experiência e compartilhamento de ideais do que propriamente de manipulação. Até mesmo de ajuda financeira, sem que esta significasse manipulação política.

Assim, podemos caracterizar a militância desta associação como uma atuação consciente, fruto da realização de escolhas específicas em favor de determinadas demandas políticas. Ao se apresentarem publicamente como *mães* e não diretamente como cidadãs, estas mulheres afirmavam, na verdade, as peculiaridades da sua ação cidadã, motivada que era por demandas *privadas*. Portanto, não negavam sua cidadania; apenas a afirmavam segundo seus próprios termos, reivindicando uma atuação pública permeada por demandas e características da esfera doméstica.

É importante observar — visto que um dos objetivos deste trabalho é discutir a participação e o consentimento da sociedade civil com relação ao golpe e ao regime de 1964 — que a atuação pública de mulheres conservadoras nos anos 1960 e 1970 ficou por muito tempo relegada ao *esquecimento*, tanto no plano da memória como no plano da historiografia. Particularmente no caso da militância das mulheres durante este período, é significativo o número de trabalhos que chamam a atenção para a entrada da mulher na política pela esquerda. No entanto, a militância feminina pela direita, quando é mencionada, o é como um ato de manipulação, quer seja pelos maridos e pais, ou pelos padres, como podemos observar, por exemplo, na conclusão de Solange de Deus Simões no capítulo em que trata das ligações de parentesco entre as entidades femininas e os membros do Ipês:

> Aquelas mulheres, em sua quase totalidade donas de casa sem maiores conhecimentos ou preparação política, receberam de seus conselheiros masculinos, empresários e militares ligados ao Ipês, uma orientação

ideológica e política que as "convenceu" da necessidade de atuar junto aos conspiradores civis e militares.[243]

Para além da importância de discutir os motivos do silêncio não somente em torno da militância das mulheres a favor da ditadura, mas de modo geral, em torno da grande maioria dos grupos e cidadãos que apoiaram o regime instaurado a partir de 1964, cabe destacar que, neste caso, a lógica da manipulação/coerção não dá conta de explicar a adesão destas mulheres ao regime. Conquanto seja importante explicitar as ligações de fato existentes entre os membros da Camde e os do Ipês, a adesão das mulheres ao regime não se reduz à "ação de classe da burguesia multinacional e associada" reunida no Ipês.

Importantes elementos da cultura política compartilhada por esses segmentos sociais têm que ser levados em consideração se quisermos compreender o consentimento e a atuação das mulheres com relação à ditadura civil-militar. É preciso, pois, que se entenda a militância de direita como uma *opção*[244] que se apresentava não somente às mulheres reunidas em entidades cívicas, mas também a expressivos segmentos sociais. Isso porque era capaz de mobilizar valores importantes que compunham o universo simbólico das militantes da Camde.

Assim, já mencionamos, por exemplo, a importância e a força do imaginário anticomunista enquanto catalisador das ações dos setores conservadores da sociedade. No caso específico da militância das entidades cívicas femininas, o apelo anticomunista lhes atingia diretamente na medida em que relacionava o avanço do comunismo à destruição da família e da religião, instituições estas responsáveis pela ordenação do modo de vida destas mulheres.

Portanto, para as mulheres organizadas em *grupos de pressão*, o que estava em jogo naquele momento era o modelo de vida e os papéis desempenhados por elas, para os quais foram educadas durante suas vidas. Certamente,

---

243 Simões, 1985, p. 65.

244 Cf. o trabalho de Pierre Ayçoberry sobre a sociedade alemã sob o nazismo, especialmente o item "La conquête des femmes et de la jeunesse" (Ayçoberry, 1998:192-210).

como já observamos, o papel dos maridos possuía importância fundamental pois, de acordo com os valores e os princípios defendidos por estes grupos, a organização feminina somente seria possível tendo em vista o consentimento do patriarca. Todavia, o que é importante destacar é que tal organização não se efetivaria se estas mulheres não acreditassem nos valores e nas instituições pelas quais trabalharam.

"A mãe do ano"[245]: o modelo feminino *reafirmado* e a noção de crise moral

Não obstante, um ponto que merece ser destacado é o fato de que as próprias mulheres da Camde insistiam em definir esta associação como *apolítica*, o que reforça a ideia de *ignorância* da mulher com relação a assuntos políticos, como enfatizaria Eudoxia Ribeiro Dantas anos mais tarde em suas memórias. Neste sentido, é bastante significativa a entrevista publicada pelo jornal *El Tiempo*, de Bogotá, com duas então diretoras da Camde. De acordo com o jornal:

> Sin embargo, la creación de la Camde (organización que agrupa las mujeres revolucionarias) no se debió al conocimiento de las abogadas, ni a la experiencia de las profesionales; tampoco tuvieron parte en ello las jóvenes universitarias. Porque resulta que en el Brasil, hasta el momento, lo más importante para la mujer es su vida de hogar la familia..., después viene todo lo demás. Y cuando hay algo que atente contra esa unidad familiar, entonces son capaces de todo, inclusive de tumbar a un presidente. Y así lo hicieran el primero de abril de este año.[246]

[245] "Mãe do ano" era o nome do prêmio que *O Globo* oferecia anualmente, por ocasião do Dia das Mães, a uma figura feminina que tivesse se destacado publicamente. A eleita de 1964 foi a presidente da Camde, Amélia Molina Bastos.

[246] Fundo Campanha da Mulher pela Democracia. (Arquivo Nacional/Codes. Documentos Privados. Código PE. Caixa 40. Pasta 4.) Recorte de jornal: "Las amas de casa brasileras transforman ahora el país". *El Tiempo,* Bogotá, 2 ago. 1964.

Mais adiante, Mavy Aché Assunção Harmon, uma das diretoras entrevistadas, declarava a respeito das características da Camde que, "en primer lugar, es total y completamente apolítica". Interessante observar que, embora a reportagem atribuísse às mulheres a capacidade de ter derrubado o presidente, as diretoras da associação eram categóricas ao afirmar que faziam parte de uma entidade "apolítica", visto que seus argumentos para se oporem ao presidente até levar a um golpe contra ele resultavam de demandas vindas estritamente da esfera particular. Essa aparente distinção entre público e privado, feita pela própria associação ao negar que agia politicamente, possui um sentido quase sacralizador da ação feminina no contexto do golpe e da consolidação dos governos militares. Isso porque, ao se colocarem em defesa da família e da religião, as mulheres reforçavam o discurso ideológico militar, repleto de referências a uma suposta *crise de valores morais* pela qual passava o país e à necessidade de uma *limpeza das instituições*.

Mesmo a defesa da democracia proclamada pelas mulheres — mas não só por elas, visto que os militares também falavam em defesa da democracia em termos bem similares — partia do entendimento de que esta seria mais um *valor moral* que um regime político. É o que podemos perceber, por exemplo, no discurso de Amélia Molina Bastos, na abertura do I Congresso da Mulher em Defesa da Democracia:

> A democracia tem o dever de educar a massa para a autonomia [...] O homem, como membro de uma comunidade, precisa receber uma orientação tal que o torne um cidadão capacitado a cooperar em benefício próprio e da comunidade a que pertence. Cada indivíduo tem a *obrigação moral* de evoluir e contribuir para o progresso de seus semelhantes.[247] [grifos meus].

A democracia teria, dessa forma, a função de *educar a massa*. Este é um aspecto fundamental para compreendermos em que termos se dava a "defesa

[247] Fundo Campanha da Mulher pela Democracia. (Arquivo Nacional/Codes. Documentos Privados. Código PE. Caixa 46. Pasta 1.) Anexo VI.

da democracia", pleiteada pela Camde, pelos militares e pelos políticos civis envolvidos com o regime. Era este argumento que possibilitava, no caso particular das mulheres, se dizerem a favor da democracia e julgarem que medidas como os atos institucionais — principalmente o 2 e o 5 — fossem capazes de defender e aprofundar o "regime democrático" instaurado em 1964. O golpe e todas as medidas punitivas e coercitivas que vieram depois tinham o intuito de "preparar o povo para a democracia", segundo a lógica destes segmentos sociais. Por isso, na abertura dos trabalhos do Congresso, realizada em 1967, quando o regime já contava com o segundo militar na presidência e com uma série de medidas que permitiriam a sustentação da ditadura, Maria Helena da Gama Câmara, segunda vice-presidente da Camde, podia afirmar que aquele evento se realizava porque "hoje, mais que nunca, sentiam que o regime democrático estava fortalecido" no país.[248]

Portanto, transcendendo os interesses *mundanos* da política, as mulheres iam a público para defender *valores*, mais que instituições, supostamente ameaçados. É o que podemos perceber, igualmente, no mesmo discurso de Maria Helena da Gama Câmara. A palestrante afirmava que "a preservação dos valores morais que garantem a integridade da família e do lar é que levou a mulher a fundar entidades cívicas [...]".[249] Aqui, temos bem a medida não somente das motivações dessas mulheres, como também do sentido em que se dava a defesa que faziam do regime democrático e a condenação do comunismo.

Além disso, o trecho da reportagem do jornal colombiano citado anteriormente demonstra bem quem eram e qual o papel ocupado por essas mulheres na sociedade. Como podemos notar, o jornal enfatizava a liderança de donas de casa em detrimento das profissionais à frente do movimento feminino às vésperas do golpe civil-militar, donas de casa que *eram capazes de tudo* quando percebiam que a família, como instituição, era ameaçada.

[248] Fundo Campanha da Mulher pela Democracia. (Arquivo Nacional/Codes. Documentos Privados. Código PE. Caixa 46. Pasta 1.) Anexo do relatório de março/abril/maio de 1967.

[249] Ibid.

Este ponto, ou seja, esclarecer que tipo de mulher se engajou no movimento civil-militar de 1964 é crucial, visto que indica não somente o caráter da "Revolução", como também aponta qual seria o modelo de feminilidade proposto e defendido pelos segmentos sociais que apoiaram o golpe.

Assim, celebram-se as *mães/donas de casa* e rejeita-se como modelo a mulher que trabalha fora, já que esta postura poderia implicar a negação dos papéis de mãe e esposa. E tendo em vista o caráter conservador do movimento civil-militar de 1964, as *heroínas* desta "revolução" só poderiam mesmo ser as *mães, esposas* e *donas de casa* que lutavam pela preservação da família e dos lares, chegando, para isso, ao extremo de *derrubar um presidente*. Não tomam parte neste processo as profissionais e as universitárias. Neste caso, as mulheres que *saíram* do lugar *verdadeiro* de atuação feminina, indo exercer atividades fora do espaço privado são, de alguma forma, desqualificadas justamente porque, ao *sair*, as mulheres negavam o modelo de família patriarcal e o papel de mães que ocupavam.

Michelle Perrot, em texto publicado na coletânea *História das mulheres no Ocidente*, trata das inúmeras formas pelas quais, no século XIX, algumas mulheres romperam com o lugar reservado a elas e "souberam apoderar-se dos espaços que lhes eram deixados ou confiados para alargar sua influência até as portas do poder", bem como dos embates gerados a partir desta saída.[250] Interessante notar que, um século depois do período observado por Perrot, como é o caso do Brasil dos anos 1960, a *saída* das mulheres para o espaço público é ainda tratada como problema para alguns segmentos sociais, sendo apenas permitida se ela possui sentido conservador. E se levarmos em consideração que movimentos como os das mulheres da Camde se desenvolveram paralelamente a uma segunda onda do movimento feminista,[251] é importante perceber como determinados valores, caros a um modelo patriarcal de organização social, são internalizados pelas mulheres destes grupos e *reafirmados* diante da nova *onda feminista*.

---

[250] Perrot, 1994, p. 503.

[251] Sobre as "ondas" vividas pelo movimento feminista, ver Pedro (2005:79).

No caso particular do Brasil, as questões levantadas por essa segunda onda do movimento feminista — quais sejam, as questões relativas ao direito ao corpo, ao prazer e contra a condição de subalternidade no modelo de família patriarcal — demoraram a se firmar. Isso muito em decorrência das desconfianças com as quais o governo via qualquer forma de organização da sociedade, e também em virtude da premência que a luta contra a ditadura possuía nas esquerdas, as quais relegavam a um segundo plano o tipo de discussão proposta pelo movimento feminista.[252]

Nesse sentido, a abertura política e a anistia de 1979 possibilitaram a volta ao Brasil de inúmeras mulheres as quais, fora do país, entraram em contato com os movimentos feministas. Isso permitiu que aos poucos as relações de gênero assumissem o primeiro plano em detrimento da primazia que outrora "questões políticas" possuíam no movimento feminista no país.[253] Não obstante, é importante considerar que, embora a experiência do exílio colocasse "os revolucionários em contato com discussões que ampliavam a visão de mundo, tais como sobre a democracia, o eurocomunismo, o socialismo realmente existente, o feminismo, os direitos humanos etc.",[254] tais debates também foram incorporados pelos grupos de esquerda que permaneceram no Brasil.[255] Especificamente, as discussões em torno do feminismo foram tratadas por periódicos como o *Brasil Mulher* (1975-80) e *Nós Mulheres* (1976-78):

> Estes jornais foram os divulgadores de uma série de temáticas discutidas em diversos grupos feministas no período de 1975-1980. Temáticas pouco discutidas, então, em nossa sociedade: contracepção, aborto, trabalho feminino, educação diferenciada, direitos da mulher, dupla jornada de trabalho, entre outros. Aliada a estas temáticas específicas, ambos os jornais apresentavam um acirrado debate sobre a conjuntura política nacional,

---

[252] Soihet, 2007, p. 417.
[253] Ibid., p. 423.
[254] Rollemberg, 2007, p. 294.
[255] Cf. Lopes (2007).

> destaque para a campanha pela anistia e pelo restabelecimento das liberdades democráticas. Aliás, se a democracia era um tema ausente no debate político dos militantes das organizações revolucionárias, a partir da segunda metade da década de 1970, estará associada tanto ao projeto político das lutas gerais quanto ao projeto feminista.[256]

De toda forma, se essa segunda *vaga feminista* assumia como palavra de ordem *"o privado é político"*, num sentido inverso as mulheres da Camde privatizavam o político e viam com desprezo a militância de mulheres pela esquerda. De certa forma, a militância em favor de uma revolução comunista significaria a negação da própria condição feminina ou, pelo menos, a negação de um determinado modelo de feminilidade Este, por sua vez, estava ligado à vocação da mulher para o lar e para a maternidade, fundamentos que seriam destruídos pelo comunismo. Portanto, diante das preocupações e das questões sugeridas pelos movimentos feministas, a Camde, em sentido oposto, continuava afirmando a vocação feminina para o lar. Em entrevista concedida para a revista *Livro de Cabeceira da Mulher*, em 1967, Amélia Molina Bastos, afirmava:

> O primeiro dever da mulher é em relação à sua família. Mas não deve se restringir só a isso. Eu acho que ela deve ser, mesmo que trabalhe, deve se organizar de tal maneira que exerça sua profissão, seu *dever de mãe* e também tenha deveres para com a comunidade. [...] Se a mulher tem dentro de si uma *vocação* extraordinária, como cientista ou artista, ela tem de realizar. Mas de qualquer maneira a mulher não pode esquecer que é mãe.[257] [grifos meus].

Interessante perceber nas palavras da presidente da Camde que, para ela, ser mãe era o *dever* de qualquer mulher, enquanto a profissão era tão somente uma *vocação*, que apenas merecia ser desenvolvida em caso *extraordi-*

---

[256] Bastos, 2007, p. 90.

[257] "D. Amélia Molina Bastos ou como e onde marcha a Camde". Entrevista concedida a Stella M. Senra Pollanah, publicada em *Livro de Cabeceira da Mulher* (1967:171-172).

nário e, ainda assim, a vocação não poderia impedi-la de ser mãe, sua principal função na família e na sociedade. É importante destacar que essa insistência das militantes da Camde em enfatizar a vocação da mulher para o lar e para a maternidade está relacionada indissoluvelmente a uma questão cultural de longa duração — por assim dizer —, ligada que está à construção dos papéis sexuais na sociedade.

Não obstante, para além disso, temos que atentar a uma questão específica daquele contexto, à qual já nos referimos, crucial para compreendermos a *saída* destas mulheres ao espaço público, mesmo que elas entendessem que este não deveria ser o principal lugar de sua atuação. Trata-se da noção de *crise moral*, vivida não apenas pelo Brasil, mas pelas nações ocidentais em geral e presente tanto no discurso militar como no dos grupos conservadores da sociedade civil. Esta crise era decorrente ao mesmo tempo do processo de modernização acelerada e da "ameaça comunista" que, então, rondava o Ocidente. Em suma, tratava-se de uma crise do mundo capitalista.

A ideia de uma crise dos valores morais é fundamental, portanto, para compreendermos a articulação feminina conservadora na década de 1960. Visto que um dos indicadores da crise era a possibilidade da dissolução da família e da religião, as mulheres deveriam trabalhar no sentido de evitá-la. Assim, urgia que se (re)afirmasse determinado modelo de feminilidade. E há um esforço nesse sentido, ou seja, em transformar as mulheres da Camde em modelo a ser seguido pelas demais mães brasileiras.

Assim, o jornal *O Globo,* que já realizava desde 1954 a eleição da Mãe do Ano, escolheu Amélia Molina Bastos como a homenageada significativamente em 1964.[258] Em virtude disto, tanto *O Globo* quanto a Camde mereceram, por parte da Câmara Municipal de São Paulo, a "inserção em ata de votos de louvor e congratulações [...] pela justa escolha da sra. Amélia Molina Bastos para 'Mãe do Ano'". Os vereadores paulistas justificavam a homenagem afirmando que:

---

[258] Fundo Campanha da Mulher pela Democracia. (Arquivo Nacional/Codes. Documentos Privados. Código PE. Caixa 40. Pasta 4.) Recorte de jornal: "Amélia Molina Bastos". *O Globo,* 28 jul. 1965.

> *O Globo*, desde 1954 tem realçado o sentido profundo do "Dia das Mães", escolhendo uma senhora que represente a "Mãe do Ano". Este ano a escolha recaiu em dona Amélia Bastos, mãe e avó, que, depois de realizar sua missão no lar, dedicou-se de corpo e alma à Campanha da Mulher pela Democracia, da qual é presidente e que tantos serviços presta ao país.[259]

Além da homenagem do jornal *O Globo*, a menção honrosa na Câmara Municipal de São Paulo confirmava a importância atribuída não somente ao papel da mulher nos acontecimentos de 1964 mas, principalmente, reafirmava *aquelas* mulheres que militavam na Camde, representadas na ocasião por sua presidente, como o modelo que deveria ser seguido pelas demais, ou seja, a mulher que deveria ser *mãe, esposa e dona de casa.* Note-se que a própria reverência dos vereadores a Amélia Bastos funda-se, em essência, no fato de que somente após ter esgotado sua missão como mãe e avó é que ela passou a dedicar-se às atividades desenvolvidas pela Camde. Este episódio indica com propriedade quais os atributos que a *mulher brasileira* deveria possuir, de acordo com os segmentos sociais que apoiaram o golpe civil-militar daquele ano.

Em 1965, mais uma vez, Amélia Bastos foi homenageada por *O Globo.* Na ocasião, o jornal completava 40 anos de existência e, por isso, concedia o título de "notável" a 40 personalidades nacionais. A presidente da Camde estava entre os contemplados, ao lado de políticos como o então presidente marechal Castello Branco e de intelectuais como Eugenio Gudin.[260] O jornal apresentava, então, uma pequena biografia da presidente da Camde, na qual ela era descrita da seguinte maneira:

---

[259] "Homenagem a *O Globo* e à 'Mãe do Ano' na Câmara Municipal de São Paulo". *O Globo*, 22 jun. 1964.

[260] Cf. *O Globo*, 28 jul. 1965; Fundo Campanha da Mulher pela Democracia. (Arquivo Nacional/Codes. Documentos Privados. Código PE. Caixa 40. Pasta 4.) Recorte de jornal: "Amélia Molina Bastos". *O Globo,* 28 jul. 1965.

> Professora primária jubilada, é ministra da Ordem Terceira da Penitência, e já foi mestra de noviças da mesma Ordem. Segundo suas companheiras da Camde, é de impressionante equilíbrio nas decisões, muito modesta e muito firme em suas decisões, sabe que a mulher deve ter presença ativa na vida de uma nação. [...] Em pouco tempo, soube Amélia Molina Bastos despertar a consciência do povo para os perigos que o ameaçavam. Sem o seu trabalho e o seu esforço, poderiam a nação e seu povo estar agora amargando rumos diferentes em nosso caminho. Os que amam a liberdade têm profunda gratidão por d. Amélia Molina Bastos, d. Amelinha.[261]

Assim, as duas homenagens prestadas a Amélia Bastos por *O Globo* permitem compreender como deveriam ser as mulheres na concepção dos setores que apoiaram o golpe civil-militar: mães e avós que, mesmo quando exerciam atividades remuneradas, estas podiam ser consideradas tipicamente femininas, ligadas à vida religiosa, e que possuíam um comportamento, calmo e *equilibrado*. Ao mesmo tempo, ela também era considerada um modelo, pois atuou no sentido de salvar a nação, cumpriu seu papel como *mãe* e cidadã de *salvar* a todos do comunismo.

Para além de a atuação das militantes da Camde servir como exemplo para as demais mulheres, num determinado momento, de alguns setores que apoiaram o golpe, tornou-se importante enfatizar o protagonismo destas senhoras como forma de legitimar a intervenção civil-militar de 1964. Isso porque, apresentando-se como donas de casa, elas propunham salvar instituições importantes do mundo cristão, supostamente ameaçadas pelo comunismo. Assim, no panfleto *A nação que se salvou a si mesma*, encontramos a seguinte descrição da atuação das mulheres em 1964:

> É às mulheres do Brasil que cabe uma enorme parcela de crédito pela aniquilação da planejada conquista vermelha. Em escala sem paralelo na história da América

---

[261] Fundo Campanha da Mulher pela Democracia. (Arquivo Nacional/Codes. Documentos Privados. Código PE. Caixa 40. Pasta 4.) Recorte de jornal: "Amélia Molina Bastos". *O Globo,* 28 jul. 1965.

> Latina, donas de casa lançaram-se à luta aos milhares, fazendo mais para alertar o país para o perigo, do que outra força qualquer.[262]

De acordo com o panfleto, o que faz da atuação destas mulheres exemplar para o resto da América Latina é justamente o fato de que elas eram parte de uma força latente, o último recurso utilizado quando os homens já haviam esgotado sua capacidade de luta. E, como moralmente — naquele contexto — o argumento destas senhoras era difícil de ser refutado, já que diziam agir em nome da família, da religião e da democracia, também os militares que estavam à frente das articulações golpistas passaram a destacar o papel das mulheres como forma de legitimar sua intervenção no governo democraticamente eleito de João Goulart. Mourão Filho chegou mesmo a afirmar que ele, "como todos os homens que participaram da revolução, nada mais fez do que executar aquilo que as mulheres pregavam nas ruas para acabar com o comunismo".[263] Já Castello Branco, no seu discurso de posse, afirmou que "os cidadãos, dentre eles também em expressiva atitude as mulheres brasileiras [...] ergueram-se, num dos mais belos e unânimes impulsos de nossa história, contra a desvirtuação do regime".[264]

Esta lógica da *crise de valores* explica também outra preocupação latente das militantes da Camde, qual seja, a educação *cívica e moral* da juventude brasileira. Tendo em vista que os jovens estavam em "processo de formação de seu caráter", era importante que as associadas trabalhassem de forma a incutir na juventude o apego a determinados valores caros ao que elas chamavam de uma "democracia cristã".[265]

Em 1967, a Camde organizava no Rio de Janeiro o I Congresso Sul-Americano da Mulher em defesa da Democracia. O temário do congresso,

---

[262] *A nação que se salvou a si mesma*, 1978, p. 18.

[263] "A mulher e a democracia", por Mozart Monteiro. *O Globo*, 16 jun. 1964.

[264] Discurso de posse do marechal Humberto de Alencar Castello Branco na presidência da República em 15 de abril de 1964 (Fico, 2004:343).

[265] Fundo Campanha da Mulher pela Democracia. (Arquivo Nacional/Codes. Documentos Privados. Código PE. Caixa 40. Pasta 4.) Documento sem título da Campanha da Mulher pela Democracia — Núcleo Tijuca, 15 ago. 1964 (ms.).

por si, demonstra bem quais as preocupações dessas mulheres com relação à juventude. Assim, o congresso propunha questões relativas a "valores morais e espirituais da família", "orientação e preparação para a cidadania na escola", "o comportamento do estudante no mundo atual e a responsabilidade do intelectual na formação da juventude", "o papel dos grupos femininos" com relação à juventude, entre outros temas.[266]

No congresso, que reunia grupos femininos de toda a América do Sul, o problema da educação *cívica* dos jovens era imperativo, visto que eles eram considerados o setor mais facilmente atingido pela propaganda comunista. Por isso, urgia que a juventude fosse educada segundo padrões morais que correspondessem às expectativas das *mães* da Camde.

Assim, além de ocupar espaço importante nas discussões propostas pelo congresso, os jovens foram alvo de políticas especiais dentro da Camde, que possuía um "setor estudantil" especialmente dedicado à *educação cívica* deste segmento social, sob responsabilidade de Eudoxia Ribeiro Dantas. Segundo ela, "travávamos uma luta árdua pela conquista de adeptos, pois este era um dos principais alvos dos comunistas".[267] Assim, no dia 7 de setembro de 1964 a Camde divulgava um manifesto no qual afirmava:

> Jovem! Em você está a semente da criação! Da renovação! [...] Cremos que esta juventude encontrará o caminho que só a autodisciplina, a verdade e o espírito cristão podem dar. Cremos que os jovens, plenos de vivência cívica e de entusiasmo pelo progresso do país, são capazes dos maiores sacrifícios para que o *Brasil* rompa os grilhões da ignorância amplificando seus horizontes, numa civilização genuinamente brasileira.[268] [grifo no original].

---

266 Fundo Campanha da Mulher pela Democracia. (Arquivo Nacional/Codes. Documentos Privados. Código PE. Caixa 46. Pasta 1.) Relatório, p. 6.

267 Dantas, 1998, p. 83.

268 Fundo Campanha da Mulher pela Democracia. (Arquivo Nacional/Codes. Documentos Privados. Código PE. Caixa 38. Pasta 1.) Documento manuscrito.

Antes mesmo disso, em agosto de 1964, no núcleo constituído no bairro carioca da Tijuca, as mulheres da Camde criaram o Clube da Juventude, o qual se ocupava basicamente da educação cívica e moral dos jovens. Deve-se ressaltar que, por *educação cívica,* as associadas entendiam "o fortalecimento da personalidade, o ajustamento social, a utilidade pública e a cultura construtiva como garantias da liberdade imprescindível à *democracia cristã*"[269] [grifos no original], sendo que a programação dos clubes incluía:

> Educação religiosa e familiar; moralização dos programas de rádio e televisão, cinema e teatro; criação de centros recreativos e de cultura artística; centros de civismo e de cultura geral e especializada; saúde, educação física e desportos; interesse pelo aproveitamento da terra; instrução para pequenas indústrias caseiras; educação da previdência: constituição de pecúlios e interesse pela casa própria.[270]

Como podemos observar, a programação dos clubes, além de objetivar a reeducação da juventude de acordo com determinados princípios religiosos e morais, visava também à constituição de certa *ética do trabalho,* capaz de incutir no espírito dos jovens o hábito de trabalhar e poupar, que os conduziria "à verdadeira felicidade e à maior de todas as liberdades que é a da existência dentro dos valores imperecíveis da sociedade cristã".[271]

Mais uma vez, é recorrendo ao seu lugar de *mães* que podemos entender tamanha preocupação por parte da Camde com a juventude brasileira. Embora se justificasse, em grande parte, em virtude da *ameaça comunista,* apenas este fato não explica a centralidade que as questões referentes à educação cívica dos jovens possuía na Camde. O meio operário também

---

269 Fundo Campanha da Mulher pela Democracia. (Arquivo Nacional/Codes. Documentos Privados. Código PE. Caixa 40. Pasta 4.) Documento sem título da Campanha da Mulher pela Democracia — Núcleo Tijuca, 15 ago. 1964 (ms.).

270 Ibid.

271 Fundo Campanha da Mulher pela Democracia. (Arquivo Nacional/Codes. Documentos Privados. Código PE. Caixa 40. Pasta 4.) Documento sem título da Campanha da Mulher pela Democracia — Núcleo Tijuca, 15 ago. 1964 (ms.).

era ambiente propício à *infiltração comunista* — para ficar com o jargão da época — e, não obstante também tivesse sido alvo das preocupações desta associação,[272] de forma alguma o movimento operário ocupou o mesmo espaço nos projetos de educação cívica e moral da população por parte da Camde se o compararmos ao movimento estudantil.

De certa forma, a ênfase nos trabalhos com estudantes não deixava de ser uma questão típica de setores da classe média, e foi esta preocupação de *mães* com a vida e a estrutura moral de seus *filhos* que levou as senhoras da Camde à perplexidade quando dos acontecimentos de 1968, fazendo-as saudar o AI-5 como um instrumento capaz de impor um paradeiro ao que elas consideravam *atos de terrorismo.*[273] Também foi como mães que, em março de 1968, as senhoras da Camde se surpreenderam com o que elas considerariam mais tarde "um excesso daquele ato revolucionário pelo qual trabalhamos".[274] Neste caso, elas se referiam ao assassinato do estudante Edson Luís de Lima Souto, morto pela polícia em uma manifestação do movimento estudantil. Mas, ainda que fosse inadmissível o assassinato de um jovem estudante que elas consideravam que poderia ser um de seus filhos, em nota divulgada pela imprensa da época as militantes da Camde, embora se posicionassem contra aquele "ato de violência cometido contra jovens desarmados", reconheciam que "muitas vezes o entusiasmo e o ardor juvenil os levem a agir sob influências e interesses estranhos ao nosso país".[275]

Em 1969, quando o embaixador norte-americano no Brasil, Charles Elbrick foi capturado por organizações da esquerda armada, a Camde divulgou uma nota na qual afirmava: "Os terroristas ultrapassaram, de mui-

---

[272] Sobre a atuação da Camde junto ao movimento operário, ver ação desenvolvida nos sindicatos dos estivadores. Cf. *A nação que se salvou a si mesma*, 1978. p. 20-21.

[273] A expressão é utilizada no manifesto Chamada à Razão. Fundo Campanha da Mulher pela Democracia. (Arquivo Nacional/Codes. Documentos Privados. Código PE. Caixa 38. Pasta 1.) Recorte de jornal. *Correio Popular*, 26 out. 1968.

[274] Entrevista concedida à autora por uma associada que solicitou anonimato. Rio de Janeiro, 12 set. 2006.

[275] Fundo Campanha da Mulher pela Democracia. (Arquivo Nacional/Codes. Documentos Privados. Código PE. Caixa 38. Pasta 1.) Recorte de jornal: "Aumenta repúdio à morte de estudante". *Diário de São Paulo*, 2 abr. 1968.

to longe, os limites da tradicional tolerância brasileira. Não podemos cruzar os braços quando tentam corromper o idealismo da juventude, utilizando-o para atos que abjuram os valores morais e espirituais de nosso povo".[276]

Preocupadas com os jovens da classe média, as mães da Camde, mesmo em nota de repúdio ao que elas consideravam "um ato de terrorismo", referiam-se aos jovens militantes como meros instrumentos de uma "conspiração internacional". Não consideravam, pois, a militância política da juventude na esquerda como uma opção própria. Antes, julgavam os jovens como *inocentes úteis,* manipulados e corrompidos por agentes "sem pátria e sem Deus".[277] Por isso acreditavam que era parte de seu papel de *mães* colaborar para que os jovens fossem educados ou *(re)educados* respeitando o que consideravam o "espírito cívico" nacional.

Mais uma vez, podemos perceber no discurso de setores conservadores da sociedade, como é o caso das mulheres da Camde, uma forte retórica sobre a *manipulação* de alguns setores da sociedade. Neste caso, elas enfatizavam que os jovens que militavam em grupos de esquerda eram manipulados pelo comunismo internacional. Assim justificavam a necessidade de mobilizar a opinião destes segmentos a favor de sua causa. É importante reter disso que a ideia de acordo com a qual determinados atores sociais militavam a favor de certas demandas porque manipulados por uma ideologia ou instituição exterior — ideia esta apropriada tanto pelas esquerdas quanto pelas direitas, quando e da forma que convém a cada um — é problemática na medida em que desconsidera os projetos políticos de inúmeros segmentos sociais em nome de uma *lógica da manipulação* que pretende tudo explicar.

---

[276] Fundo Campanha da Mulher pela Democracia. (Arquivo Nacional/Codes. Documentos Privados. Código PE. Caixa 38. Pasta 1.) Recorte de jornal: "Camde se une aos protestos contra ação terrorista". Sem especificação de data e nome do jornal.

[277] Ibid.

3

SEMPRE ME ACOMPANHOU A IDEIA DE REGISTRAR PENSAMENTOS E GUARDAR MEMÓRIAS. DURANTE O TRAJETO ENTRE MEU APARTAMENTO E A IGREJA DE NOSSA SENHORA DA PAZ, A IDEIA DE GRAVAR MOMENTOS DA VIDA, AINDA TÃO VIVOS NA MEMÓRIA, TOMOU-ME DE ASSALTO. [...] AVALIANDO FORTEMENTE O MEDO DO ESQUECIMENTO DE TUDO O QUE HAVÍAMOS VIVIDO E QUE FORA TÃO BOM, TÃO BONITO, DRAMÁTICO ALGUMAS VEZES, TEMENDO QUE ESSAS RECORDAÇÕES SEJAM VARRIDAS DE MINHA MEMÓRIA SEM QUE NADA TENHA SIDO FEITO PARA GUARDÁ-LAS VIVAS, CONVENCI-ME A ESCREVER, REGISTRANDO FATOS, QUEBRANDO ASSIM, MINHA INÉRCIA INTERIOR [...].

NO DECORRER DA MINHA EXISTÊNCIA AQUI NARRADA, EM GRANDE PARTE, TENHO A FELICIDADE DE, NO FUNDO DE MINHA MEMÓRIA, REBUSCANDO FATOS E PESSOAS, NÃO TER QUE OMITIR FATOS VERGONHOSOS OU HOMENS QUE NÃO FOSSEM HONRADOS. LUIS FELIPE, MEU BISNETO, QUE ME INSPIROU A DESCREVER, CONSIDERANDO NÃO TER CONHECIMENTO DE SEUS ANTEPASSADOS, PODE FICAR FELIZ COM A LINHAGEM DE NOSSA FAMÍLIA QUE FOI E É DE HOMENS HONRADOS.

E AGORA NO PRESENTE POSSO DIZER O MESMO; GRAÇAS A DEUS E À BOA LINHAGEM DE FAMÍLIA, VOCÊS MEUS NETOS E MEU BISNETO SÃO HOMENS E MULHERES HONRADOS! PARA MINHA FELICIDADE E ALEGRIA. ESPERANDO QUE OS BISNETOS PEQUENINOS CRESÇAM E SE TORNEM TAMBÉM HOMENS HONRADOS.

Eudoxia Ribeiro Dantas. *Voltando no tempo* (1998:11-12)

3
A Camde entre memória e história

O silêncio como *forma de presença no mundo*[278]

SOMOS NOSSA MEMÓRIA, SOMOS ESSE QUIMÉRICO MUSEU DE FORMAS INCONSTANTES.
Jorge Luis Borges. *Elogio da sombra*, 1949

A MEMÓRIA DO SILÊNCIO É UM MODO DE PRESENÇA NO MUNDO. ELA ESTÁ ONDE O SILÊNCIO ESTRUTURA A MEMÓRIA, LÁ ONDE ELE ENCONTRA UM DE SEUS IMPULSOS ESSENCIAIS.
Pierre Laborie. *Les français des années troubles*, 2003

A memória sobre o regime civil-militar brasileiro é algo complexo. Situa-se entre o desejo de perdoar, lembrar e esquecer. Nas palavras de Daniel Aarão Reis Filho, "seria como recordar esquecendo, esquecendo a dor".[279] E se o passado das esquerdas, vencedoras no plano da memória, é reconstruído tomando como princípio o apagamento do sentido ofensivo de seu projeto revolucionário — como demonstra determinada historiografia —, por outro lado a memória dos grupos que apoiaram o regime é permeada por inúmeros silêncios.

Ao analisar a memória elaborada pelas militantes da Camde, uma associação que se caracterizava pelo apoio manifesto ao golpe e ao regime, chama a atenção a diversidade de elementos que a compõem,

[278] O título desta seção é uma referência às discussões propostas por Pierre Laborie no capítulo "Silence de la mémoire, mémoire du silence"(Laborie:2003).
[279] Aarão Reis Filho, 1999, p. 35.

mas, sobretudo, chamam a atenção os incontáveis silêncios que perpassam suas falas. Mais que isso, é interessante observar as dificuldades e as recusas em recordar esse passado. Assim, antes de dar prosseguimento às considerações a respeito da memória e dos silêncios que cercam as formas pelas quais essas mulheres reconstroem seu passado, é preciso destacar as dificuldades encontradas pelas associadas para falar sobre sua militância: os silêncios, os *esquecimentos*, as decepções com os *rumos da "Revolução"*, o *medo* de suas posturas passadas se terem tornado incompreensíveis no presente (as diferentes temporalidades, sobre as quais nos fala Pierre Laborie) e, finalmente, a recusa peremptória em recordar sua militância.

Nesse sentido, foram levantados durante a pesquisa 105 nomes de militantes da Camde nas cidades do Rio de Janeiro, Niterói e Juiz de Fora.[280] Há que se considerar uma série de dificuldades na localização dos quadros da associação, em virtude não apenas do esquecimento ao qual suas ações foram relegadas pela anistia consolidada, mas também por razões de ordem prática como, por exemplo, a idade avançada que possui hoje a maioria dessas mulheres.

Deste total de mulheres, 15 já haviam falecido e 73 não foram encontradas. Do restante, portanto, de 17 mulheres consultadas no Rio de Janeiro, apenas quatro se dispuseram a falar. Ainda assim, o fizeram sob muitas ressalvas: das quatro, três aceitaram falar apenas em grupo, todas solicitaram anonimato — o que não deixa de ser uma forma de falar e não falar, testemunhar e silenciar ao mesmo tempo. Todas também se recusaram a conceder nova entrevista, bem como preferiram não fazer uma narrativa de história de vida, como solicitei, mas se limitar a relatar a respeito de sua participação na Camde. Para a entrevista realizada em conjunto com as três ex-diretoras, foram convidadas quatro mulheres; no entanto, uma não

[280] Além dessas 105 ex-militantes, procurei também Joaquim Bento Ribeiro Dantas e Marcos Ribeiro Dantas, filhos de Eudoxia Ribeiro Dantas, ex-diretora e ex-presidente da associação. O primeiro deles não foi localizado, e o segundo faleceu.

compareceu.[281] Procurada posteriormente, preferiu não falar sobre fatos que, segundo ela, "já haviam acontecido há muitos anos".[282] Desses dados é importante reter que, de um universo de 17 mulheres localizadas e com as quais o contato foi realizado, apenas quatro se dispuseram a falar, ou seja, o equivalente a 23,5%.

Todavia, além dos quatro depoimentos concedidos por ex-diretoras da associação, foram entrevistadas também duas militantes da União Cívica Feminina (UCF) de São Paulo,[283] associação similar à Camde que teve destacado papel na conjuntura do golpe e organização da primeira Marcha da Família com Deus pela Liberdade, que ocorreu no dia 19 de março de 1964 na capital paulista. O caso destas entrevistas diverge bastante das entrevistas realizadas com as militantes da Camde. Explico: entrei em contato com um importante membro da UCF de São Paulo tendo em vista o fato de que, antes de militar na associação paulista, ela havia, morando no Rio, frequentado as reuniões da Camde. Essa militante, por sua vez, optou por convidar uma amiga a qual teve destacado papel na organização da marcha paulista e na fundação de núcleos da UCF no Paraná e em Santos.[284]

Diferentemente das militantes da Camde, as senhoras paulistas não fizeram questão do anonimato e demonstraram muito mais desembaraço ao

---

[281] É preciso dizer que as mulheres foram procuradas individualmente por mim. No entanto, uma delas propôs a entrevista conjunta e se ofereceu para entrar em contato com as outras três amigas, das quais uma preferiu não aparecer.

[282] Há que se destacar que esta ex-militante da Camde foi uma das quatro associadas que há algum tempo concedeu entrevista para o livro da jornalista Denise Assis a respeito do papel do Ipês no golpe de 1964. Segundo a própria jornalista, as entrevistadas não gostaram muito do resultado do livro. Quando fiz o levantamento dos nomes para minha pesquisa, do grupo entrevistado por Denise Assis a única que não havia falecido foi justamente esta senhora que não compareceu à entrevista realizada em conjunto com as remanescentes dos quadros da diretoria da Camde. Entre uma série de outros motivos que podem explicar o silêncio desta militante com relação ao seu passado, não podemos desconsiderar a experiência dessa primeira entrevista. Para as entrevistas realizadas por Denise Assis, cf. Assis (2001).

[283] Agradeço a Pérola Sestini a indicação dos nomes bem como o contato das militantes da UCF de São Paulo.

[284] Cf. Matias [s.d.].

falar do seu passado. Talvez um dos motivos, entre outros, que ajude a explicar essa diferença de comportamento se deva ao fato de que a UCF paulista ainda hoje realiza atividades, mantém sua sede e alguns de seus quadros remanescentes dos anos 1960 e 1970.[285] Para elas, portanto, sua atuação não está vinculada unicamente ao regime civil-militar: a UCF o precede — a associação foi fundada em inícios de 1962 —[286] e, principalmente, sobrevive a ele. O mesmo não ocorre com a Camde: criada em 1962, suas atividades foram encerradas em meados da década de 1970; sendo assim, sua trajetória está indissociavelmente ligada à do regime.

Sob este aspecto, é preciso ter em conta as dificuldades em se rememorar o passado por parte das militantes de uma associação reconhecida por suas atividades de colaboração com o regime, o qual é recusado por essa mesma sociedade como fruto de suas próprias escolhas e embates políticos.

Tendo em vista, portanto, a complexidade da elaboração das memórias, particularmente a memória de um grupo cujo passado é rejeitado pela sociedade, estamos, num certo sentido, diante do que Alessandro Portelli chamou de "memória dividida".[287] Ou seja, é preciso compreender a elaboração da memória dos grupos que apoiaram o golpe e o regime civil-militar considerando, ao mesmo tempo, as tentativas de manter intacta uma certa identidade política que os caracterizava, mas também levando-se em conta a rejeição, pela sociedade, destes grupos e de sua militância passada.

Concordamos também com Portelli quando este afirma que a definição de "memória dividida" deve ser ampliada e radicalizada para dar conta não

---

[285] As entrevistadas reclamaram que a associação vem sofrendo um esvaziamento em seus quadros nos últimos anos, e atribuem este fato à falta de "renovação da liderança". Cf. entrevista concedida à autora por duas militantes da União Cívica Feminina (UCF). São Paulo, 17 maio 2007.

[286] Discurso pronunciado por Maria Paula da Silva Caetano em comemoração ao 30º aniversário da UCF em 1991, p. 2. Arquivo particular de Maria Paula da Silva Caetano.

[287] O termo, na verdade, é de Giovanni Contini, utilizado para designar as memórias relativas ao massacre de Civitella Val di Chiana, povoado italiano, durante a II Guerra Mundial. De acordo com ele, há uma memória, da Resistência, segundo a qual os mortos são lembrados como heróis, e uma outra memória, da comunidade e dos familiares em geral, marcada pela dor, pelo luto e por culpar os membros da Resistência por um ataque mal planejado. Cf. Portelli (2005:103-130).

apenas de uma aparente dicotomia, por vezes simplista, mas também para entendermos que, mesmo se tratando da memória de um grupo bem particular e definido da sociedade, ela não é um "todo sólido" e se divide entre "o desejo de silenciar e esquecer e a necessidade de se expressar".[288] Assim, encontramos, por exemplo, nos depoimentos das associadas da Camde, opiniões a respeito de sua militância na associação do tipo: "Foi a maior glória da minha vida ter podido servir ao meu país".[289] Mas também: "Em um dado momento, a revolução virou um rebotalho, voltada apenas para o empreguismo. E depois veio a tortura, o que foi repugnante".[290] Além disso, encontramos também aquelas que se recusam peremptoriamente a falar sobre o assunto, como que buscando *silenciar* sobre este passado.

Essa diversidade de opiniões não invalida as análises sobre as memórias deste grupo; ao contrário, dá bem a medida da complexidade das relações estabelecidas entre ditadura e sociedade no Brasil. A própria dificuldade ou a recusa absoluta por parte de algumas militantes em falar sobre o passado permite refletir primeiramente sobre o papel importante que o *silêncio* ocupa nas reflexões a respeito da memória. E, particularmente no caso da Camde, possibilita aprofundar as discussões em torno das relações entre ditadura e sociedade e entre esta última e a memória construída sobre o golpe e o regime. Assim, diante de uma sociedade que preferiu negar qualquer tipo de relação de apoio ou simpatia pelo regime que aqui seria apenas *dos militares,* as mulheres da Camde optaram pelo *silêncio* sobre a sua ação militante em favor da ditadura.

É importante destacar que, neste caso, "o silêncio não é apenas uma perda de memória, não é esquecimento, menos ainda uma prova do esquecimento. Se ele pode ser o isolamento e a preservação obstinada do segredo, ele é menos uma recusa de se recordar que uma maneira de recordar".[291]

---

288 Portelli, 2005, p. 128.

289 Cf. Assis (2001:58).

290 Ibid.

291 Laborie (2003:52-53): *"Le silence n'est pas qu'une perte de mémoire, il n'est pas l'oubli, moin encore une preuve de l'oubli. S'il peut être enfermement et préservation obstinée du secret, il est moin refus de se souvenir que façon de se souvernir".*

Portanto, há que se compreender o silêncio destas mulheres como *uma forma de lembrar*, como um *modo de presença no mundo* que se define diante da consolidação de uma memória social que evoca a sociedade como resistente. Pierre Laborie, analisando os *silêncios* dos franceses a respeito de Vichy e, mais que isso, discutindo as formas de apropriação do passado pelo presente, bem como as formas de representação do silêncio, afirma haver *silêncios da memória* e *memória do silêncio*. O primeiro liga-se ao que ele chama de "consciência turva" ou "má consciência", a incapacidade ou *vergonha* de assumir coletivamente a responsabilidade pelos crimes do passado.[292] A tendência é, então, silenciar sobre determinados eventos e se apropriar de outros. Já a *memória do silêncio* está relacionada ao sentido que o acontecimento toma, ao uso que o presente faz dele, onde o *dizer nada é uma maneira de testemunhar*. Ou seja, a memória do silêncio expressa um sentimento de acordo com o qual determinado tipo de comportamento do passado tornou-se incompreensível no presente; por isso os problemas em falar sobre este passado.[293]

Interessante observar como, no caso específico das mulheres da Camde, os dois processos se misturam, expressando de forma singular as maneiras pelas quais a memória do grupo é construída permeada pelo silêncio. Neste sentido, há memória do silêncio quando recusam admitir sua militância nos anos de maior repressão da ditadura, após o AI-5; há também memória do silêncio quando, de alguma forma, tentam tomar parte na memória da *sociedade resistente*; há memória do silêncio porque, superado aquele contexto, como compreender o sentido de uma militância que se dizia "em defesa da democracia" e que, em nome desta democracia, exigiu, defendeu e legitimou medidas como o AI-2?[294] Principalmente, há memória do silêncio quando, por todas essas razões, essas mulheres simplesmente decidem não falar sobre o passado.

---

[292] Laborie 2003, p. 54-55.

[293] Ibid., especialmente o capítulo "Silence de la mémoire, mémoire du silence", p. 58, 61.

[294] Há que se lembrar que este discurso em defesa da democracia não caracterizou somente a militância dos grupos femininos, mas também era o argumento central que fundamentava a mobilização das associações anticomunistas de modo geral e, sobretudo, dava sustentação ao discurso dos militares.

Por outro lado, há silêncio da memória quando calam sobre a sua atuação ofensiva contra o governo democraticamente eleito de João Goulart. Silêncio da memória quando, como veremos, negam no presente a adesão em torno da "candidatura" e do governo de Costa e Silva e, consequentemente, o apoio dado ao AI-5 e ao fechamento do regime; silêncio da memória também quando se "escondem" por trás da metáfora — reconfortante para quem apoiou o regime — dos *porões da ditadura*, a qual nega, ou diz desconhecer a tortura como política de Estado. A recusa em falar sobre seu passado militante é, pois, uma questão de *má consciência*, na medida em que, de maneira geral, a sociedade brasileira, ancorada no mito da resistência, avalia como condenável qualquer tipo de apoio civil à ditadura, sobretudo quando se trata de uma atitude manifesta em defesa desta. Nesse sentido, o silêncio é vivido como uma forma de se relacionar com essa memória da resistência.

A respeito da "mistura de impossibilidades, recusas e bloqueios culturais" evocados pela memória do silêncio, Laborie argumenta a favor da necessidade de se recuperar o sentido das *palavras de 1944*, para o caso francês. Dessa operação intelectual resulta a compreensão das formas pelas quais os silêncios em torno de um determinado passado são estruturados no presente. Isso porque, assim, podemos compreender melhor que a linguagem que definia os comportamentos do passado tornou-se impossível de se traduzir atualmente "porque seu funcionamento repousa sobre códigos culturais especificamente datados e cuja combinação foi perdida".[295]

Para o caso da compreensão da memória dos grupos sociais que apoiaram o regime civil-militar de 1964, essa tentativa mostra-se frutífera na medida em que aponta para a possibilidade de compreender aquele período como um processo histórico de construção social. Demonstra que "práticas denunciadas hoje como intoleráveis foram, há algum tempo, se não aprovadas, ao menos consideradas como da ordem de necessidades

[295] Laborie, 2003, p. 60.

históricas".[296] Assim, se levarmos em consideração estas questões, poderemos compreender de forma mais complexa a diversidade dos comportamentos sociais sob a ditadura. Mais que isso, podemos compreender sua sustentação por 21 anos a partir do entendimento de que ela se ancorava em importantes elementos constitutivos da cultura política brasileira.

Tratar, pois, da memória dos segmentos que apoiaram o golpe e o regime civil-militar é lidar, além do silêncio, com todas essas questões que ele nos coloca. É, ainda de acordo com Laborie, lidar com "essa aparente falta de palavras da memória". É tentar o "terreno movediço, o objeto fugidio, com toda a delicadeza e deslizamentos de sentido que tocam às noções de silêncio e memória".[297] Tais dificuldades impõem a necessidade de se interrogar a respeito das "práticas sociais do silêncio", do sentido que possuem essas falas permeadas por inúmeros silêncios. E, se podemos arriscar alguma conclusão, as palavras de Henry Rousso, também sobre Vichy, são elucidativas: estes "seriam tempos de se aprender a 'viver *com* a lembrança da tragédia mais que de tentar viver *sem* ela, como no pós-guerra, ou *contra* ela, como hoje em dia'".[298]

A memória das militantes da Camde sobre o governo Jango

Para compreender melhor a memória das militantes da Camde sobre o governo Goulart, é preciso ir além de análises, por vezes superficiais, que tendem a considerar o anticomunismo emergente na conjuntura dos anos 1960 como uma manobra de setores das elites para acobertar suas próprias intenções golpistas. Como demonstra Motta, o anticomunismo no Brasil é quase tão antigo quanto a emergência do próprio Partido Comunista.[299]

[296] Laborie, 2003, p. 61.
[297] Ibid., p. 52.
[298] Rousso, 1998, p. 10.
[299] Motta, 2002.

Ou seja, o sentimento anticomunista, o receio de que a possibilidade de comunização do país destruísse instituições como a família e a religião, fazia parte do universo simbólico de determinados segmentos sociais já há alguns anos. Assim, é preciso que se considere o *medo* real do comunismo vivido por setores das classes médias e altas no Brasil, os quais não estavam "apenas usando o anticomunismo como fachada para justificar suas ações. O temor expressado por eles durante a crise era efetivo".[300]

Dessa forma, ainda em 1962, a Camde, em seu manifesto de lançamento, pedia aos deputados que não se deixassem "calar por uns poucos que, atraídos pela ambição do poder, podem levar-nos à ruína",[301] numa referência aos políticos da base aliada de Goulart como, por exemplo, o governador do Rio Grande do Sul, Leonel Brizola.[302] Em 1965, já passada a euforia do golpe, a Camde se referia ao governo de João Goulart como sendo o tempo em que "a nação estava acéfala, anárquica e o poder supremo era exercido sem traço de autoridade por quem não possuía moral cívica nem democrática".[303] Ou, em 1964, quando da "campanha" promovida pelo grupo a favor da indicação de Castello Branco à presidência da República, a Camde afirmava sua "clara e insofismável vontade de limpar nossas instituições de todo e qualquer vestígio da camarilha comuno-carreirista que nos vinha entregando ao credo vermelho".[304]

Todavia, apesar da oposição ferrenha realizada pelas mulheres ao governo Goulart, é interessante observar como, retrospectivamente, as diretoras

---

[300] Cf. Motta (2006:146).

[301] "A mulher brasileira está nas trincheiras". *O Globo*, 12 jul. 1962, p. 2.

[302] Sobre a posição da Camde com relação aos políticos aliados a Goulart, ver "Brasileiras de todos os estados condenam a atuação de Brizzola". *O Globo*, 7 set. 1962, p. 4; Fundo Campanha da Mulher pela Democracia. (Arquivo Nacional/Codes. Documentos Privados. Código PE. Caixa 38. Pasta 1.) Recorte de jornal: "Camde quer agora Evandro e Hermes no Institucional". *Correio da Manhã*, 29 set. 1964.

[303] Fundo Campanha da Mulher pela Democracia. (Arquivo Nacional/Codes. Documentos Privados. Código PE. Caixa 38. Pasta 1.) Recorte de jornal: "Camde dirige-se a Castello". Jornal não especificado, 10 out. 1965.

[304] Fundo Campanha da Mulher pela Democracia. (Arquivo Nacional/Codes. Documentos Privados. Código PE. Caixa 38. Pasta 1.) Recorte de jornal: "Mulheres cariocas querem Castello Branco na presidência". *O Globo*, 4 abr. 1964.

da Camde buscam construir uma memória *amenizada* de sua posição diante da administração janguista. Apesar do engajamento de suas ações contra João Goulart e seu governo, atualmente, ao se referirem a este período, as ex-diretoras da Camde são absolutamente sucintas e buscam mesmo suavizar — por vezes referindo-se o menos possível a Jango — a oposição feita a este governo.

Sem negar, contudo, a rejeição tanto ao trabalhismo — e o consequente crescimento da participação política das massas — como ao comunismo e sua "infiltração" no Estado, nos depoimentos concedidos pelas diretoras da Camde transparece uma construção de memória que procura isentar o presidente Goulart de qualquer eventual tentativa de comunizar o país. A acusação de comunista não recai diretamente sobre Jango, mas sobre as pessoas à sua volta, que compunham o governo, embora, como vimos, o ex-presidente e políticos diretamente ligados a ele não tenham sido poupados de nenhum tipo de acusação pelas mulheres. De acordo com duas ex-diretoras da Camde:

> — O Exército estava contaminado, a Marinha, estavam todos eles influenciados [pelo comunismo]. Nós nem sabíamos disso. Na época em que nós entramos na Camde nós não sabíamos o perigo que estávamos correndo. [...] O Jango era quem estava no poder e ele não era comunista, o Jango não era. Ele era, vamos dizer...
>
> — Marmiteiro! Ele era popular.
>
> — É, popular e vamos dizer assim, ele gostava muito do poder. Ele gostava de aparecer, o Jango.[305]

Dessa forma, o então presidente é lembrado como um líder fraco, alguém que se deixava seduzir pelo poder, um *inocente útil* — para usar o

[305] Entrevista concedida à autora por duas ex-diretoras da Camde que solicitaram anonimato. Rio de Janeiro, 12 set. 2006.

jargão da época —, manipulado pelos comunistas infiltrados no governo. Seguindo este raciocínio elaborado pelas diretoras da Camde, pode-se concluir pela inevitabilidade do golpe, visto que, naquele momento, a nação precisava de uma "liderança apartidária, segura, enérgica e de confiança".[306] E, assim, suas manifestações encontravam legitimidade na medida em que sua luta não visava a destituir um presidente democraticamente eleito, mas sim evitar que o comunismo se instalasse no país.

Marieta de Moraes Ferreira, ao tentar recuperar a memória sobre João Goulart, chama a atenção para a diversidade de elementos que a compõem, tanto à esquerda como à direita. Em ambos os casos sobressai a ideia, se não de um político despreparado, ao menos de alguém que tomava decisões equivocadas, ou que possuía uma certa "incapacidade de avaliação", como fica patente no depoimento de Francisco Julião, citado pela autora.[307] Particularmente, interessa-nos o que a historiadora chama de "memória dos conservadores" sobre Goulart.

Analisando os depoimentos de políticos da UDN e do PSD que compõem o acervo do Centro de Pesquisa e Documentação de História Contemporânea do Brasil da Fundação Getulio Vargas (Cpdoc/FGV), Ferreira aponta aspectos da memória sobre Jango que são comuns a políticos destes setores, tais como o argumento de que o então presidente representava uma ameaça, pois seu governo significaria a entrada do comunismo no país. Ou, por outro lado, a associação da ideia de que Jango era uma liderança fraca e descomprometida com qualquer projeto político.[308]

Em muitos depoimentos transparece uma imagem sobre Goulart de acordo com a qual ele seria um homem "bom, fraco e influenciável e, ao mesmo tempo, um político perigoso, pois estava patrocinando os preparativos de um golpe comunista".[309] Assim, o então presidente não era direta-

---

[306] Fundo Campanha da Mulher pela Democracia. (Arquivo Nacional/Codes. Documentos Privados. Código PE. Caixa 38. Pasta 1.) Recorte de jornal: "Mulheres cariocas querem Castello Branco na presidência". *O Globo*, 4 abr. 1964.

[307] Ferreira, 2006. p. 23.

[308] Ibid., p. 11.

[309] Ibid., p. 13.

mente acusado de comunista — ao contrário, os setores conservadores insistiam em afirmar que Jango era um grande proprietário de terras, até como modo de desqualificar as tentativas de realizar a reforma agrária. O texto da reportagem "A nação que se salvou a si mesma", por exemplo, afirmava que:

> Enquanto Goulart insistia no confisco das propriedades dos latifundiários e na distribuição da terra aos camponeses, os registros de imóveis demonstram que ele rapidamente somava imensas propriedades às que já tinha [...] ao abandonar o país em 1964, Goulart era o maior latifundiário do Brasil [...].[310]

Mas, embora não fosse comunista, o fato de ser uma pessoa que se deixava influenciar e a aproximação com políticos de esquerda foram suficientes para disseminar o medo, por parte dos setores mais conservadores, de uma revolução comunista. Este tipo de raciocínio é exatamente o que encontramos no trecho do depoimento das militantes da Camde quando elas concluem que, embora Goulart não fosse comunista, ele continuava representando uma ameaça, pois se tratava de alguém que "gostava do poder, que gostava de aparecer". E, de certa forma, é esse argumento que legitima a intervenção militar e o apoio da sociedade civil a este evento, visto que, neste tipo de reconstrução do seu governo, Goulart aparece como o único responsável pelo golpe.[311]

Por outro lado, se analisarmos a memória da Camde a respeito de sua militância política, pouco ou nada é dito diretamente sobre Jango, o que, para além de atestar o relativo *esquecimento* ao qual o ex-presidente foi relegado tanto pela memória das esquerdas como pela das direitas,[312] no caso da Camde nos faz refletir sobre o papel do silêncio e do esquecimento nestes contextos. Ou antes, sobre as interferências do presente que seleciona o que deve e o que não deve ser dito sobre o passado.

---

[310] *A nação que se salvou a si mesma*. Editora da Biblioteca do Exército, 1978. p. 15.
[311] Cf. Ferreira (2003:343-425).
[312] Ferreira, 2006.

Às vezes percebe-se, nos depoimentos concedidos, um certo desconforto em falar sobre este período, e mesmo cortes e mudanças drásticas no rumo das falas. Por exemplo: perguntadas sobre a reunião de lançamento da Camde realizada no auditório de *O Globo*, as diretoras da associação claramente desconversam quando se veem diante da possibilidade de ter que falar sobre a campanha de desestabilização empreendida contra o governo Goulart: "Foi antes dele [Jango] cair. Ele caiu justamente porque nós... Eles [os comunistas] tinham conhecimento nosso porque eles estavam infiltrados em todos os setores do Rio de Janeiro. Era Exército, Marinha, Aeronáutica e também se infiltravam nos jornais".[313]

Há, no meio do depoimento, uma mudança no foco do sujeito da narrativa: em vez de continuar explicando que João Goulart caiu supostamente "*porque nós,* da Camde, realizamos qualquer tipo de manifestação", subitamente o depoimento passa a priorizar as dificuldades que associações do tipo da Camde tinham em se organizar em virtude do "conhecimento que eles tinham nosso". E, nesse caso, embora se possa perceber que *eles* refere-se claramente aos comunistas, não se pode dizer se Jango estava ou não entre os comunistas.

O esquecimento ao qual a memória da militância da Camde durante o período de 1962-64 é relegada pode ser atestado pela própria documentação produzida e arquivada pelas mulheres, e que se encontra sob a guarda do Arquivo Nacional. Este acervo é composto por discursos, atas de reuniões, cartas e outros tipos de documentos produzidos pela associação, mas, em sua imensa maioria, constitui-se de recortes de jornais que, nesse sentido, compõem uma espécie de *escrita de si*[314] no que tange à história da associação. Isso porque tais recortes reúnem não apenas notícias divulgadas na imprensa sobre a Camde, como também assuntos julgados importantes pela diretoria. São, portanto, uma seleção do que as associadas consideravam *o que,* de sua história e da história do seu país, deveria ser lembrado.

---

313 Entrevista concedida à autora por duas ex-diretoras da Camde que solicitaram anonimato. Rio de Janeiro, 12 set. 2006.

314 Gomes, 2004.

Assim, as diretoras submetiam-se ao minucioso trabalho de recortar páginas de jornal que contivessem notas sobre assuntos que pudessem interessar às mulheres associadas à Camde, bem como ao tipo de militância praticado por esta agremiação. Em seguida, carimbavam o documento e o classificavam por assunto. Por fim, uma das diretoras fazia um resumo do noticiário da semana. É provável que os recortes servissem aos propósitos de "*esclarecimento do meio feminino*" que a Camde intentava realizar, sendo utilizados nas reuniões e debates promovidos esporadicamente pela associação na paróquia de Nossa Senhora da Paz, em Ipanema.[315]

No entanto, o que chama a atenção é o fato de não existirem recortes sobre o ano de 1962, e os que datam de 1963 serem raros. A grande massa de recortes, como se pode esperar, refere-se ao ano de 1964. Todavia, embora se possa argumentar que talvez a prática de recortar jornais tenha surgido depois de 1962, chama a atenção o fato de, mesmo em documentos produzidos pela associação — como é o caso do Histórico, datado de 1967 e que pretendia recuperar a trajetória daquelas mulheres até o momento — as referências à militância anterior a 1964 serem raras, muito embora, como se comprovou na pesquisa em periódicos, a Camde tenha tido uma militância significativa durante esses anos.

Para além disso, o relativo silêncio ao qual a militância da Camde neste período é relegada pelas próprias diretoras está diretamente relacionado às dificuldades em se falar, hoje em dia, sobre a participação do grupo nas articulações golpistas que levaram à queda de Jango. Pois, se para essas mulheres, ainda hoje, o que houve em 1964 foi uma "Revolução", elas têm consciência de que a maior parte da sociedade vê o 31 de Março como um golpe contra Goulart e a democracia. Nesse sentido, o "não lembrar" esse período pode estar relacionado a um "não querer lembrar" a participação no golpe.

As preocupações impostas pelo tempo presente, as reconstruções da memória social em torno da ditadura durante o processo de abertura explicam

[315] Cf. Dantas (1998:82): "Um resumo do noticiário era muito bem compilado por Yvone Accioly e semanalmente éramos informadas".

bem o silêncio em torno da militância contra o governo Goulart. Se a redemocratização brasileira foi construída em oposição à ditadura, o golpe foi a interrupção do processo democrático brasileiro — retomado a partir de 1985. Neste contexto, torna-se problemático para as mulheres da Camde admitirem sua participação na interrupção do processo democrático quando vivemos justamente num momento em que se busca construir um novo consenso em torno da democracia.

Há que se lembrar, no entanto — e isso está presente nos depoimentos das mulheres — que seu discurso estruturava-se em torno da defesa da democracia. Uma das associadas relembra como se associou à Camde, em 1962:

> Então ela [uma amiga] perguntou se eu estava insatisfeita também com a situação. E numa reunião dessas sociais que a gente faz ela estava lá e me perguntou: "Você não quer se associar? Nós estamos trabalhando em defesa da democracia". Eu achei uma ideia interessante e realmente, resolvi pertencer ao grupo.316

Não obstante, é difícil compreender, na conjuntura atual, o uso do termo e a defesa da democracia anunciada por setores conservadores da sociedade que estiveram comprometidos com a intervenção militar de 1964. O silêncio sobre Goulart, da mesma forma que o silêncio em torno do fechamento do regime — como veremos adiante — está, assim, diretamente relacionado à "má consciência", às dificuldades em se assumir no presente os crimes do passado e, por fim, ao receio de que as palavras e as motivações daquele momento não sejam mais compreensíveis fora da especificidade do contexto.[317]

Por fim, a *suavização* da oposição feita ao governo Goulart está relacionada às atualizações da memória feitas pelo presente. Sob este aspecto, as palavras de Henry Rousso a respeito da memória e do esquecimento são esclarecedoras:

---

[316] Entrevista concedida à autora por uma associada que solicitou anonimato. Rio de Janeiro, 29 ago. 2006.

[317] Laborie, 2003.

> A memória é um processo complexo que articula lembranças e esquecimentos, consciente e inconsciente, a parte aceita e assumida do passado como sua parte negada ou ocultada. Em outros termos, a memória não é *todo o passado*: a parte que continua viva em nós é sempre tributária de representações e preocupações do presente.[318] [grifos no original].

Nesse sentido, tanto o que é recuperado pela memória das militantes como o que é relegado ao "esquecimento" estão indissoluvelmente relacionados às representações e preocupações do presente: o que este *impõe* que seja lembrado ou esquecido; o que pode ser facilmente aceito e o que o presente nega e que, portanto, deve ser ocultado.

A construção da memória em torno dos governos Castello Branco e Costa e Silva: orgulho e desilusão

Se por um lado as militantes dos grupos femininos recusam, no plano da memória, uma oposição direta e ofensiva contra Goulart, com relação ao pós-1964 elas tendem a limitar a participação da sociedade civil ao período do governo Castello Branco, normalmente identificado como um "governo moderado". No caso específico da Camde, embora a militância tenha entrado pela década de 1970, nos depoimentos concedidos pelas associadas há um esforço no sentido de aproximar e até mesmo *restringir* sua atuação pública ao governo Castello Branco, negando qualquer tipo de envolvimento ou mesmo consentimento com relação ao que ficaria conhecido como *anos de chumbo*.

Isso traz algumas implicações: primeiramente, o apagamento da complexidade das relações entre sociedade civil e regime militar, o que colabora para a construção de uma ideia de acordo com a qual a ditadura se

[318] Rousso (1999:109): "*La mémoire est un processus complexe qui articule des souvenirs et des oublis, du consciente et de l'inconsciente, la part acceptée et assimée du passé comme sa part déniée ou occultée. En d'autres termes, la mémoire n'est tout le passé: la part qui continue de vivre en nous est toujours tributaire des représentations et des préocupations du présent*".

impôs apenas pela força, negando a formação, no seio da sociedade de um consenso que foi absolutamente necessário para que o regime se mantivesse por 21 anos; em segundo lugar, a ideia de que o mandato castellista tenha sido *moderado* é problemática na medida em que relativiza os fortes conflitos que marcaram o meio militar em nome de uma dicotomia simplificada entre moderados e *linha-dura*.[319]

Além disso, uma leitura mais elaborada do período aponta para as dificuldades em considerar *moderado* um governo que, na verdade, ensejou iniciar uma *operação limpeza*. Sendo assim, o progressivo fechamento do regime deve ser entendido menos como uma *reação* da *linha-dura* à suposta *moderação* do grupo castellista e mais como um projeto militar que avançava e recuava de acordo com as conjunturas específicas, tendo-se iniciado já em 1964.[320]

Portanto, se levarmos em consideração os processos através dos quais os segmentos conservadores da sociedade brasileira tentam construir no presente a memória de sua militância política, estaremos, num certo sentido, diante do que Alessandro Portelli chamou de "memória dividida", uma vez que, se temos por um lado a tentativa de construção de uma memória que procura negar a participação e colaboração da sociedade com o regime militar, por outro lado há que se considerar as especificidades da memória dos grupos organizados de direita. Estes, ao mesmo tempo que tentam se harmonizar com essa memória que se pretende hegemônica, relacionando sua militância a um *padrão moderado* de governo militar, não podem negar o que constituiu o cerne de sua organização, qual seja, a oposição ao governo Goulart e a militância a favor de uma intervenção militar que colocasse fim à suposta infiltração comunista no Estado, incentivada por Jango.

É importante questionar-se a respeito do sentido em que se dá a construção da memória das mulheres da Camde: não obstante a efetiva militância contra Goulart, bem como a adesão a Costa e Silva, o que estabelece que

---

[319] Cf. Martins Filho (2004).

[320] Cf. Fico (2004:72).

somente deva ser *lembrada sua ligação* com o governo Castello Branco? Onde se situa a fronteira do esquecimento? A partir de que momento elas consideram que o regime "tornou-se uma *ditadura militar*"[321] e, portanto, sua atuação perdeu o sentido? Por fim, em que medida o silêncio a respeito da militância da associação nos períodos de maior repressão do regime faz parte dessa memória *conciliadora* estabelecida nos termos da política de anistia e abertura?

Assim, quando atentamos para a leitura que esta associação faz hoje de sua atuação, é interessante observar as tentativas no sentido de se inserirem num suposto movimento de repúdio à ditadura, num misto de memória do silêncio e silêncio da memória:

> E depois da Revolução, tinha um menino, um rapaz da PUC que assassinaram ele. Nessa época eu era presidente [...] Eu disse: "Eu vou como um protesto". Porque nós éramos da Revolução, mas o que é isso? Matar um estudante? Nós fomos ao enterro do rapaz, do estudante num protesto contra o ato revolucionário, pelo qual nós trabalhávamos.[322]

Se neste depoimento a então presidente da Camde não nega sua vinculação ideológica e militante à "Revolução de 1964" — muito ao contrário, a afirma —, ela também não pode aceitar o assassinato de um jovem estudante. Até porque a Camde sempre buscou legitimar sua atuação política apresentando-se publicamente como *mães* preocupadas com o futuro dos filhos e das famílias e, nesse sentido, não podia admitir a violência daquele *ato revolucionário* empregada contra um estudante que bem poderia ser seu *filho.*

Aqui cabe destacar também a preocupação típica de uma classe média, ou seja, a morte de um estudante não é tolerada e, por isso, é mais sentida do que se fosse a de um operário, por exemplo. Foi neste momento, quando a repressão começou a atingir os estudantes de classe média, que estes setores

---

[321] Cf. entrevista concedida à autora por uma ex-diretora da Camde que solicitou anonimato. Rio de Janeiro, 29 ago. 2006.

[322] Entrevista concedida à autora por uma ex-diretora da Camde que solicitou anonimato. Rio de Janeiro, 12 set. 2006.

foram sensibilizados para a luta contra a ditadura. O ano de 1968 passou a ser o marco. A partir de então, "houve uma degringolada"[323] rumo à *ditadura militar*. E, de uma certa forma, é a partir dessa mobilização da classe média contra a repressão a estudantes que, atualmente, as mulheres da Camde podem construir sua memória tomando como ponto de partida essa *identidade de classe*. Ou seja, assim como determinados grupos da classe média que a partir de 1968 se sensibilizaram para a repressão contra o movimento estudantil, as mulheres da Camde podem *lembrar* sua militância naquele momento enfatizando que também se opunham à repressão contra estudantes.

Para além dessa questão, a recusa do fato de terem apoiado o endurecimento do regime não deixa de ser uma tentativa de reivindicarem para si participação nesta memória *conciliadora* que evoca a nação como resistente à ditadura a qual, neste caso, teria sido *apenas militar*, sem qualquer participação de civis. Assim, para esta memória é importante lembrar a participação no protesto pela morte de um estudante.

Ao mesmo tempo que é importante se distanciar de eventos que as liguem ao consentimento com relação ao endurecimento do regime, é também importante para a memória dessas mulheres reverenciar o governo Castello como sendo o tempo da *moderação*, em que os *ideais revolucionários* eram preservados e o país caminhava rumo a uma *democracia fortalecida*,[324] que havia se perdido diante da imensa infiltração comunista que reinava no pré-1964. Para Denise Rollemberg, "ao saudar o maior líder, saudava-se o seu maior feito: o golpe" e, dessa forma, a intervenção militar se justificava, tendo em vista que Castello Branco encarnaria os ideais da Revolução que se haviam perdido.[325] Então, uma das associadas[326] afirma: "E ele era uma pessoa maravilhosa, o

[323] Entrevista concedida à autora por uma ex-diretora da Camde que solicitou anonimato. Rio de Janeiro, 12 set. 2006.

[324] *O Jornal*, 14 nov. 1965 apud Simões (1985:129).

[325] Cf. Rollemberg (2008). Neste caso, a autora está se referindo particularmente a uma carta enviada pelo diretor do jornal *O Estado de S. Paulo*, Ruy Mesquita, ao ministro da Justiça Alfredo Buzaid, protestando contra os incômodos gerados pela censura ao jornal, saudoso do tempo em que Castello Branco ocupava a presidência. Vale lembrar que em 1964 *O Estado de S. Paulo* apoiou o golpe civil-militar.

[326] Interessante observar que, ao contrário do que indicam alguns documentos da Camde,

Castello Branco. Sempre foi uma pessoa correta, honesta. E eu acho que a vontade dele não era fazer uma *ditadura*, não era da natureza dele, mas as circunstâncias..."[327] [grifos meus].

Interessante observar que este trecho do depoimento é um raro momento — o único talvez — no qual a palavra "ditadura" aparece relacionada ao governo Castello Branco, mesmo que a militante esclareça que acredita não ter sido a intenção do ex-presidente "fazer uma ditadura". No mesmo sentido, Lúcia Jobim, que foi membro da diretoria da Camde, afirma que as atividades da associação foram um pouco além do governo Castello, com reuniões, trabalho de assistência social e uma campanha contra a carestia que durou seis meses:[328] "Mas depois do Castello não tínhamos mais razão de existir. Ainda assim, a Camde atuou por cerca de 10 anos, sem, contudo, nos metermos em política".[329]

No acervo produzido pela Camde sob a guarda do Arquivo Nacional encontramos importantes documentos que datam de 1967 e 1968, por exemplo, bastante representativos do tipo de ação desenvolvida pela associação naquele período: em abril de 1967 estas senhoras organizaram, no Rio de Janeiro, o I Congresso Sul-Americano da Mulher em Defesa da Democracia, o qual reuniu delegações de todo o Brasil e da América do Sul com o objetivo de fornecer cursos e promover debates capazes de instruir as mulheres dos outros países e demonstrar a eficácia deste tipo de

---

nos quais podemos observar uma estrutura interna na associação relativamente bem-organizada, e esta possuindo um corpo de "associadas" bastante significativo, as diretoras entrevistadas foram categóricas ao afirmar que "não tinham associadas, apenas frequentadoras", além das 11 diretoras. Sobre esta questão, ver Fundo Campanha da Mulher pela Democracia. (Arquivo Nacional/Codes. Documentos Privados. Código PE. Caixa 46. Pasta 4.) Lista de sócias-fundadoras da Camde (este documento contém 73 nomes). Ver, também, entrevista concedida por três ex-diretoras que solicitaram anonimato. Rio de Janeiro, 12 set. 2006.

[327] Entrevista concedida por uma associada que solicitou anonimato. Rio de Janeiro, 29 ago. 2006.

[328] Trata-se da Campanha pela Economia Popular, promovida em parceria com a Superintendência Nacional de Abastecimento (Sunab), em 1965. Ver Fundo Campanha da Mulher pela Democracia. (Arquivo Nacional/Codes. Documentos Privados. Código PE. Caixa 40. Pasta 1.)

[329] Cf. Assis (2001:62).

atuação política através do próprio exemplo dos grupos femininos brasileiros. O presidente marechal Arthur da Costa e Silva[330] e a primeira-dama, d. Yolanda Costa e Silva foram especialmente convidados para a sessão de abertura do Congresso. Mas não puderam comparecer e foram representados, respectivamente, pelo deputado Geraldo Ferras e pelo engenheiro Sá Freire Sobrinho. Antes disso, ainda em 1966, quando Costa e Silva era "candidato" à sucessão de Castello Branco, foi convidado a proferir uma palestra no auditório da Camde para as suas associadas. [331] Esta palestra se deu concomitantemente às homenagens prestadas pelas mulheres ao general Molina, quando do seu falecimento. O general Antonio de Mendonça Molina era irmão da presidente da Camde, Amélia Molina Bastos, e considerado, pelas mulheres, importante "idealizador de sua ação em 1964". Sobre o general Molina e as manifestações da Camde às vésperas do golpe, Costa e Silva afirmou:

> O Brasil devia a ele [general Molina] grande reconhecimento por ter sido o idealizador da mobilização das mulheres na revolução de 1964 formando um verdadeiro exército que, não só obrigou os militares a ir às ruas como possibilitou a vitória dado o seu magnífico trabalho de motivação da opinião pública.[332]

Às vésperas de ele ser indicado à presidência da República, também em 1967, em entrevista à revista feminina *Livro de Cabeceira da Mulher*, Amélia Molina Bastos, presidente da associação, afirmava:

> Tenho muita esperança nesse governo. Primeiro porque ele já encontrou medidas tomadas pelo antecessor, que naturalmente vão ajudá-lo a governar. Medidas que ele não poderia tomar porque não tem o poder discricionário

[330] Fundo Campanha da Mulher pela Democracia. (Arquivo Nacional/Codes. Documentos Privados. Código PE. Caixa 46. Pasta 1.) Relatório de atividades, março, abr., maio 1967, p. 3.
[331] Fundo Campanha da Mulher pela Democracia. (Arquivo Nacional/Codes. Documentos Privados. Código PE. Caixa 46. Pasta 1.) Relatório, ago. 1966, p. 1.
[332] Ibid.

> de um governo revolucionário. Então ele tem maiores probabilidades de fazer um bom governo.[333]

Embora, para Amélia Bastos, a possibilidade que Costa e Silva tinha de fazer um bom governo estivesse relacionada às medidas "revolucionárias" tomadas anteriormente por Castello Branco, há que se ressaltar: o consentimento em torno do segundo governo militar era visível. Vale citar a continuação da entrevista, para entendermos o nível da adesão ao regime e ao presidente Costa e Silva:

> Além disso, ele [Costa e Silva] é uma pessoa assim muito comunicativa, muito acessível, de bom humor, inteligente, e eu penso que se nós ajudarmos... Porque o governo não é um homem e seus ministros, é um conjunto em que o povo toma parte. Se a gente começar com críticas, e desânimos, e essa guerrinha de boatos e disto e daquilo, assim não é possível, né?[334]

Nesse sentido, se para os setores comprometidos com o regime de 1964 era importante reverenciar Castello Branco como o *líder* da Revolução, na conjuntura em que Costa e Silva tomou posse — tendo em vista, sobretudo a radicalização dos movimentos de contestação à ditadura — era importante, para estes mesmos setores, consagrar a este presidente o papel de "continuador" e "aprofundador" da ação "revolucionária" iniciada em 1964. Por volta de 1967 e 1968, a Camde, em particular, continuava, pois, fortemente comprometida com o governo. É o que podemos perceber, por exemplo, em 1968, após a edição do Ato Institucional nº 5, quando a associação divulgou uma mensagem de Natal na qual manifestava *fé* nos rumos da nação:

> Ultimamente vivíamos um clima de intranquilidade, desordens e violências gerados pelo abuso de liberdade, utilizada para fins impatrióticos. Um

---

[333] "D. Amélia Molina Bastos ou como e onde marcha a Camde". Entrevista concedida a Stella M. Senra Pollanah, publicada em *Livro de Cabeceira da Mulher* (1967:169).

[334] Ibid.

> paradeiro a estes desmandos se impunha, e veio, fazendo-nos retroceder aos idos de março de 1964. Recomecemos mais uma vez com mais ímpeto [...].[335]

Este manifesto, divulgado na véspera do Natal, ou seja, apenas alguns dias após a edição do AI-5, demonstra bem a medida do apoio dado pela Camde ao ato. Por outro lado, nem sempre as relações das mulheres com o governo Costa e Silva foram de apoio e adesismo. Havia discordâncias, evidentemente, como podemos perceber na seguinte nota de manifestação divulgada pela Camde:

> A Camde, estarrecida, tomou conhecimento atravez [*sic*] da imprensa, do escandaloso artigo 2º no decreto proposto pelo Congresso Nacional o qual isenta do imposto de renda a parte variável dos subsídios dos parlamentares, passando a considerá-la também como diária. É inacreditável que, quando todos os brasileiros indistintamente, se sacrificam em busca da recuperação econômico-financeira do país, congressistas *se concedam* tão impatriótico e chocante privilégio. [...] A Camde se surpreende que Sua Excia. o presidente da República não tenha vetado esse vexatório e injusto projeto[336] [grifo no original].

O final do documento é dirigido ao presidente e demonstra indignação com o fato de ele não ter revogado tal medida, considerada *impatriótica*, tendo em vista os esforços da nação no sentido de contribuir para a recuperação socioeconômica do país. Este tipo de declaração é importante na medida em que nos faz refletir a respeito da complexidade das relações entre este grupo e o regime e, de modo geral, entre sociedade e ditadura.

---

[335] Fundo Campanha da Mulher pela Democracia. (Arquivo Nacional/Codes. Documentos Privados. Código PE. Caixa 38. Pasta 1.) Recorte de jornal: "Mensagem de Natal da Camde exprime confiança no Brasil". *O Globo*, 24 out. 1968.

[336] Fundo Campanha da Mulher pela Democracia. (Arquivo Nacional/Codes. Documentos Privados. Código PE. Caixa 46. Pasta 1.) Divulgação, 3 maio 1967 (ms.).

Embora estivessem agindo em benefício de um objetivo maior, qual seja, a preservação dos "rumos da revolução", realizar tal objetivo significava, algumas vezes, discordar das medidas tomadas pelos líderes do movimento civil-militar.

Perceber, pois, que mesmo as relações de um grupo comprometido com os ideais da "Revolução" não constituíam um todo monolítico e situavam-se entre manifestações de adesão e divergências permite compreendermos os comportamentos sociais com relação à ditadura de forma mais complexa. Mais que isso, observar alguns comportamentos discordantes das mulheres da Camde sobre o período com o qual elas identificam o fechamento do regime possibilita que, hoje, ao reconstruir o passado, as militantes da associação se coloquem numa posição de recusa do que elas consideram *anos de chumbo*, que, em suas memórias, tiveram início somente a partir do governo Costa e Silva.

Podemos observar, então, os limites da memória que estas mulheres procuram construir quando associam a trajetória deste grupo feminino ao governo Castello Branco. Não obstante a adesão em torno da figura do marechal Costa e Silva, como demonstram os documentos, há um esforço dos membros da associação no sentido de se desvincularem deste governo, associando-o ao início do endurecimento do regime. Perguntadas se percebiam grandes diferenças entre o governo Castello e o governo Costa e Silva, duas diretoras foram concordes na resposta:

— Eu acho que a coisa foi piorando, a coisa foi endurecendo.

— Foi piorando. O Castello Branco foi ótimo, maravilhoso.

— Depois foi endurecendo e virou uma ditadura.

— Ditadura militar.

— Não tinha mais razão de ser a gente continuar.[337]

Primeiramente, é interessante notar a resposta de uma das entrevistadas como que complementando a fala anterior: é importante destacar o fato de que, para elas, foi uma ditadura *militar* o que ocorreu no país após a posse de Costa e Silva, o que, por sua vez, exime a sociedade civil de qualquer participação nos rumos daquele evento; sobretudo, absolve as *mães* da Camde do apoio dado ao AI-5 e a outras medidas repressivas adotadas pelos militares. Em segundo lugar, chama a atenção a insistência em afirmar o encerramento das atividades da associação após o governo Castello, ligando o governo Costa e Silva a um total desvirtuamento dos *"ideais da Revolução"*, como fica claro nesta fala de uma das antigas associadas: "Depois que o Costa e Silva veio com esse negócio de ditadura militar, eu me desiludi completamente".[338]

Em alguns casos, restringiam-se as ações políticas deste grupo feminino à organização da marcha:

> E numa ocasião, inclusive, quando houve a queda do Jango, depois da marcha... eu participei da marcha, levei meus filhos. Alguns deles, mais tarde, já adolescentes, diziam: "que ideia você nos levar para essa marcha, a sua marcha!". Mas era a favor da democracia e todo mundo foi junto. [...] Foi uma coisa muito séria e a ideia era mesmo que nós pudéssemos levantar a opinião pública contra esse estado de coisas: que o Jango tomasse o poder e isso aqui virasse um país comunista. [...] Mas daí quando acabou essa marcha, mais ou menos nós nos espalhamos.[339]

Mais uma vez, observamos a tentativa de se desvincular da adesão aos governos militares. Admite-se, assim, apenas a luta contra a *infiltração comu-*

---

[337] Entrevista concedida à autora por duas ex-diretoras que solicitaram anonimato. Rio de Janeiro, 12 set. 2006.

[338] Entrevista concedida à autora por uma ex-diretora que solicitou anonimato. Rio de Janeiro, 12 set. 2006, p. 14.

[339] Entrevista concedida à autora por uma associada que solicitou anonimato. Rio de Janeiro, 29 ago. 2006 (transcrição da fita 1, lado A, p. 1-2)

nista durante o governo Goulart ou, quando muito, o apoio às propostas do primeiro general-presidente. A consequente negação da militância política para além dos marcos deste mandato está diretamente relacionada aos problemas de construção de uma memória da direita brasileira nos anos 1960 diante de uma sociedade que busca consolidar um outro tipo de memória sobre o período. Dessa forma podemos compreender melhor esta memória, tendo em vista os tipos de representação social do silêncio, o qual não é sinônimo de *esquecimento*. Ao contrário, a memória do silêncio que emerge das lembranças das associadas da Camde não é senão a forma encontrada de se inserirem num esforço mais amplo da sociedade brasileira de se desvincular de suas fortes raízes autoritárias, buscando apoiar-se numa suposta "vocação democrática" nacional. A recusa em recordar o passado — ou a reconstrução deste de forma muito peculiar — deve-se, em parte, ao fato de que, numa sociedade que optou por "celebrar os vencidos de então",[340] essas mulheres podem temer que suas motivações e suas palavras não sejam mais compreensíveis num contexto de formação de um *consenso democrático* que nega o *consenso ditatorial* de outrora.

Assim, se há uma "memória negativa" em torno do governo Costa e Silva — no sentido de que, para as mulheres da Camde é neste momento que tem início a "*ditadura militar*" —, o governo Médici não é sequer mencionado. Paradoxalmente, a Camde encerrou suas atividades no momento de maior popularidade do regime, momento este que também foi o de maior repressão. Esta ambivalência, no entanto, permite consolidar uma memória preocupada em distanciar a militância deste grupo do que ficaria conhecido como *anos de chumbo*. Assim, perguntada sobre o motivo que teria levado a Camde a encerrar as atividades, a diretora de obras sociais da associação foi categórica:

> Porque os militares tomaram o poder e estabeleceu-se uma ditadura militar e aí, impossível você começar a fazer esses movimentos escancaradamente.

---

[340] Cf. Aarão Reis Filho (2005:7).

> Porque tudo era controlado pelos militares e não havia mais possibilidade de funcionar. Se perdeu a ideia de democracia. Mas esses movimentos, esses encontros... já não havia mais possibilidade da gente mudar nada.[341]

Dessa forma, busca-se consolidar, sobre a militância destes grupos, uma memória que não apenas procura se posicionar diante do mito de uma sociedade resistente, mas que também se apoia na dicotomia militar entre *moderados* e *linha-dura.* Assim, podemos entender o orgulho de ter participado da "*Revolução de 1964*" e do governo Castello Branco e a simultânea *desilusão* com relação aos demais governos militares.

Nesse sentido, a militância política da Camde, somada aos complicados processos de construção de uma memória deste grupo permitem refletir sobre a complexidade dos comportamentos sociais sob a ditadura, os quais transitam entre coerção e consentimento, colaboração e desilusão. De toda forma, se temos uma memória atravessada por silêncios e *má consciência*, temos também uma militância que permite compreender as formas pelas quais a sociedade não apenas se conciliava com as práticas autoritárias mas também, em muitos momentos, a incentivava, formando um consenso em torno da ditadura, crucial para que ela se sustentasse por 21 anos. Pensar estas questões torna-se fundamental para a compreensão das relações estabelecidas entre ditadura e sociedade, entre as rupturas efetivadas e as permanências existentes entre este período e a democracia em construção.

Por fim, cabe destacar que chamar a atenção para a importância dos grupos sociais na legitimação da ditadura naquele contexto não significa uma *caça às bruxas*, mas sim, reconhecer que o golpe e o regime civil-militar só foram possíveis porque eram portadores de valores com os quais, em grande parte, a sociedade se identificava. Também não se trata de eleger um "bode expiatório" para que a sociedade possa se eximir da forma-

---

[341] Entrevista concedida à autora por uma associada que solicitou anonimato. Rio de Janeiro, 29 ago. 2006, p. 7.

ção do consenso em torno da ditadura, ou mesmo de ser parte de uma *zona cinzenta* que se identificava com o regime. De fato, é mais fácil admitir que mulheres da elite, de direita e católicas do país tenham apoiado a ditadura do que, por exemplo, reconhecer que jornalistas — *trincheiras inexpugnáveis da liberdade*[342] — tenham convivido bem com a censura[343] ou, ainda, que camadas significativas da classe média tenham aceito que a tortura como política de Estado fosse o preço a ser pago pelos ganhos materiais proporcionados pelo "milagre econômico".

Difícil é reconhecer que, mesmo sendo um grupo bastante específico, os valores postulados pelas mulheres da Camde eram grandemente compartilhados por parcelas as mais diversas da sociedade. Sociedade esta que acreditava nos benefícios de uma ditadura que agia em "defesa da democracia", que havia sido capaz de "expurgar a ameaça comunista" e, por consequência, preservar a família e a religião, restabelecendo a ordem e a disciplina, falando em nome de valores morais e, até certo ponto, retomando o crescimento econômico.

Por outro lado, não se trata de "absolver" as senhoras da Camde — mesmo porque, não é esse o papel do historiador (julgar, condenar ou absolver)[344] — na medida em que transpomos sua prática política para parte da sociedade. Na verdade, trata-se de demonstrar que as relações entre sociedade e ditadura são muito mais complexas do que pode indicar uma dicotomia simplificadora entre Estado opressor e sociedade vitimizada.

As pessoas comuns agiram e reagiram das formas mais diversas ao regime de 1964. Às vezes colaborando, identificando-se com ele, outras rejeitando suas atitudes, muitas vezes indiferentes a ele. O que não se pode é deixar de considerar a complexidade dessas relações, bem como de entender que o regime é produto da sociedade.

---

[342] A expressão é de Edmar Morel (em seu livro sobre a história da ABI) apud Rollemberg (2008).
[343] Cf. Kushnir, (2004).
[344] Cf. Rousso (2001), especialmente o capítulo "Juger le passé? Justice et Histoire en France", p. 678-710.

O *risco da incompreensão*: memória e identidade na autobiografia de uma ex-diretora da Camde

O ESQUECIMENTO PARECE-ME TÃO TRISTE QUANTO A MORTE.
Eudoxia Ribeiro Dantas. *Voltando no tempo*, 1998

E O HOMEM ESCREVE SUAS MEMÓRIAS, QUE SÃO TAMBÉM AQUELAS DE SEU TEMPO E DE SEU POVO.[345]
Jean Cassou. *La mémoire courte*, 2001:8

Em 1998, Eudoxia Ribeiro Dantas, sócia-fundadora da Camde[346] e, mais tarde, presidente da associação,[347] publicou o livro no qual relata suas memórias, intitulado *Voltando no tempo*.[348] De acordo com o prefácio do livro — escrito pela professora de língua e literatura inglesa Aila de Oliveira Gomes —, não se trata de um autorretrato, tampouco de uma autobiografia. Não era, ainda de acordo com a prefaciadora, intenção da autora dedicar-se a tais empreendimentos. Apenas, pretendeu "registrar muitas de suas memórias" e, sem prever, acabou reproduzindo "sua fiel imagem, externa e interna".[349] Nesse sentido, as palavras da própria autora, na introdução do livro, ajudam a compreender qual era sua intenção ao *registrar suas memórias*:

[345] Tradução livre de: "*Et l' homme écrit ses mémoires, qui sont aussi celles de son temps et de son people*".

[346] Nas eleições internas para o Conselho Diretor da Camde realizadas em 1967, dos 21 membros eleitos 14 deveriam ser sócias-fundadoras da entidade. Entre elas estava Eudoxia Ribeiro Dantas. Cf. Fundo Campanha da Mulher pela Democracia. (Arquivo Nacional/Codes. Documentos Privados. Código PE. Caixa 40. Pasta 4.) Recorte de jornal: "Chapa do Presidente elege os novos 21 membros do Conselho Diretor da Camde". *Jornal do Brasil*, 31 out. 1967.

[347] De acordo com a entrevista concedida por três ex-diretoras, Eudoxia foi a última presidente da associação, tendo assumido após o mandato de Maria Helena da Gama Câmara, iniciado em 1967. Cf. entrevista concedida à autora por três ex-diretoras da Camde que solicitaram anonimato. Rio de Janeiro, 12 set. 2006.

[348] Dantas, 1998.

[349] Gomes, 1998, p. 7.

> Existir é dádiva divina por demais preciosa para que sua memória desapareça como uma nuvem que se esgarça e some no céu! Não! Vou tentar reviver o passado para meus filhos, netos, bisnetos e amigos. Assim talvez possa ajudá-los na orientação de suas próprias existências, doando à história os fatos e memórias de um destino que agradeço a Deus.[350]

Escrever suas memória e, portanto, se debruçar sobre o passado e suas lembranças possui um sentido bastante claro para a autora: "voltar no tempo", como indica o título do livro, significa impedir o "esquecimento" da história de sua vida pública e privada. E este esforço no sentido de não cair no esquecimento somente faz sentido na medida em que sua história e a de sua família podem servir como orientação pessoal para os seus descendentes. Verena Alberti, citando Walter Benjamim, avalia que a autobiografia, por definição, uma vez que "difunde a experiência do autor a partir de seu ponto de vista particular", acaba adquirindo, da mesma maneira que o romance, a função de "(in)formar, aconselhar e ensinar" o leitor.[351] De certa forma, é essa a pretensão da autora ao decidir, pois, "registrar pensamentos e guardar memórias"[352], sendo que, neste caso, seu público-alvo está muito bem-definido, ou seja, as pessoas a quem pretende *aconselhar* e *ensinar* são seus descendentes: filhos, netos e bisnetos.

História e memória se confundem e são inseparáveis, portanto, na narrativa produzida pela autora e, no melhor estilo *historia magistra vita*, o passado deve possuir, para a autora, um sentido pedagógico e servir como ensinamento para gerações posteriores. Ao lembrar a trajetória de sua família, bem como a da família de seu marido, Eudoxia possui como objetivo demonstrar a seu bisneto, "que a inspirou a escrever", que a "linhagem de sua família foi e é de homens honrados".[353]

---

[350] Dantas, 1998, p. 11.
[351] Alberti, 1991, p. 73.
[352] Dantas, 1998, p. 11.
[353] Ibid., p. 12.

Interessante observar a importância que adquire esse esforço no sentido de não deixar-se esquecer numa sociedade que tem por base o indivíduo e a postulação de uma *identidade individual* por parte deste.[354] É nesse sentido que podemos compreender a *escrita de si* — seja ela em forma de autobiografia, diários ou cartas, por exemplo — como uma forma encontrada pelo sujeito moderno de dotar sua existência de significado e sentido. Mais do que isso, é a maneira pela qual esse indivíduo moderno tem para "sobreviver na memória dos outros, pois a vida individual tem valor e autonomia em relação ao todo".[355]

Essa necessidade de sobreviver na memória coletiva está relacionada ao fato de que a modernidade, ao mesmo tempo que marca o lugar do indivíduo na sociedade, fragmenta a sua experiência. A compreensão desta tensão entre unidade e fragmentação proposta pela modernidade é fundamental, visto que permite compreender a experiência do sujeito tendo em vista as múltiplas temporalidades — portanto não lineares — que organizam e dão sentido à sua vida.

Dessa forma, embora possamos partir do suposto de que todo ato biográfico ou autobiográfico tende a se organizar numa sequência mais ou menos linear, a qual pretende dar coerência ao relato, se perdermos de vista a tensão entre unidade e fragmentação, correremos o risco de nos conformar com "uma ilusão retórica". A tentativa de compreender uma história de vida como a narração sucessiva e cronológica dos acontecimentos da vida de um sujeito, sendo que a única forma de conexão entre esses acontecimentos é tão somente a existência deste indivíduo, é justamente o que Pierre Bourdieu chama de "ilusão biográfica". Não se podem compreender os acontecimentos biográficos ou autobiográficos sem levar em consideração que estes fatos se desenvolvem num todo social; é preciso, então, chamar a atenção para a "rede" onde estes eventos se colocam e deslocam.[356]

---

[354] Gomes, 2004, p. 12.

[355] Ibid., p. 10-11, 13.

[356] Bourdieu, 2005, p. 184-185, 189-190.

Para este trabalho, o livro *Voltando no tempo* tornou-se fundamental justamente porque nos permitiu desvendar essa "rede" social na qual se moveu a vida de nossa personagem. Assim, a autora nos fornece elementos essenciais para compreendermos o universo simbólico e a cultura política partilhada pelas mulheres que compunham as fileiras da Camde. Acompanhar a trajetória individual — pública e particular — de uma mulher que possuiu destacado papel nas atividades desenvolvidas pela Camde durante todo o período em que a associação existiu torna-se importante, uma vez que sua experiência de vida, o meio em que conviveu e a educação recebida permitem compreender melhor as opções políticas tomadas no momento histórico aqui estudado.

Por outro lado, esta foi uma pesquisa na qual as questões suscitadas pelos inúmeros silêncios — "silêncios da memória e memórias do silêncio"[357] — e as dificuldades em falar sobre determinados assuntos por parte dos atores envolvidos estiveram presentes a todo o momento. Nesse sentido, encontrar o depoimento de alguém que, até o final da vida e apesar do prevalecimento no campo da memória do *mito da sociedade resistente*, reafirmou sua adesão militante ao movimento civil-militar de 1964 é, no mínimo, um contraste interessante com o conjunto das memórias narradas pelas outras associadas da Camde.

Diferentemente de suas colegas, as quais em muitos momentos preferiram silenciar sobre sua adesão aos valores e políticas defendidos pelos militares, Eudoxia escolheu "sofrer o risco da incompreensão" e narrar sua história, segundo ela, "marcada de amor, boa vontade, patriotismo e dignidade".[358] Aqui, é importante ressaltar que este "*risco da incompreensão*", expressão com a qual a autora encerra o livro, nos remete ao que Pierre Laborie chama de *memória do silêncio*: à impressão de que determinado comportamento do passado não é mais compreensível no presente, por isso os problemas em falar sobre ele.[359]

---

[357] Laborie, 2003.

[358] Dantas, 1998, p. 164.

[359] Laborie (2003), especialmente o capítulo "Silence de la mémoire, mémoire du silence", p. 58, 61.

A *memória do silêncio* é um ponto de vista interessante para compreendermos o silêncio das demais militantes da Camde, mas também, num sentido inverso, aponta para o fato de que Eudoxia Dantas decidiu escrever suas memórias *apesar* da possibilidade de não ser compreendida. E, nesse sentido, não deixa de ser também um depoimento — sobretudo o espaço destinado à militância na Camde — que é matizado pelo silêncio, na medida em que está a todo o momento lidando com a possibilidade da incompreensão.

O livro, portanto, tomado em conjunto com os depoimentos de outras associadas — e também com as recusas em concedê-los — aponta para a diversidade das memórias construídas pelas militantes da Camde sobre sua participação nos acontecimentos de 1964 e depois. Assim, como vimos, muitas associadas preferiram o silêncio a respeito de sua adesão militante em torno da ditadura, ou quando se dispuseram a falar sobre o tema, o fizeram num esforço sistemático para, de alguma maneira, tomar parte nessa memória que consagra a sociedade como um *todo* que *resistiu* à ditadura. Outras, por sua vez, deixavam transparecer sua desilusão com relação aos "rumos da revolução",[360] negando o apoio às medidas mais efetivas em direção ao fechamento do regime.[361]

De maneira distinta das demais associadas, e também indo de encontro à consolidação do mito da sociedade resistente, Eudoxia decidiu escrever ela própria suas memórias e a memória de sua militância política[362] que,

[360] Cf. depoimento de Ignez Félix Pacheco concedido à Denise Assis (Assis, 2001:57-58); entrevista concedida à autora por uma ex-diretora da Camde que solicitou anonimato. Rio de Janeiro, 12 set. 2006.

[361] Como vimos, há um esforço sistemático no sentido de desvincular a militância da Camde do governo do marechal Costa e Silva, relacionando-o ao fechamento do regime.

[362] A decisão de publicar sua autobiografia não foi o único momento em que Eudoxia Ribeiro Dantas se dispôs a falar sobre seu passado. Antes, em 1983, ela concedeu entrevista a Solange de Deus Simões para sua dissertação de mestrado sobre a ação política dos grupos femininos em 1964. Mais tarde, após inclusive a publicação de *Voltando no tempo*, Eudoxia concedeu entrevista à jornalista Denise Assis, que publicou parte dela em seu livro sobre o Ipês. Em ambos os casos não se tratava de entrevistas de história de vida, mas sim entrevistas pontuais sobre a ação política desenvolvida pela Camde. Cf. Simões (1985); Assis (2001).

inclusive, como veremos, possui raízes que são anteriores a 1964, remetendo a São Paulo de 1932.[363]

Certamente que a produção de um livro autobiográfico proporciona ao autor condições de escrita que diferem bastante da condição em que se encontra alguém que concede um depoimento a um pesquisador, seja ele uma história de vida ou o relato sobre um determinado evento em particular, como foi o caso dos depoimentos das demais associadas da Camde que se dispuseram a falar. Dessa forma, a autobiografia e o depoimento oral são formas de narrativa bastante distintas. No caso dos depoimentos orais, é provável que a figura do pesquisador torne, do ponto de vista do depoente, ainda maior o "risco da incompreensão". Sobretudo neste caso particular, em que se está lidando com uma memória que é, em grande medida, rejeitada pela sociedade, qual seja, a memória dos grupos que reivindicaram, apoiaram e legitimaram a intervenção civil-militar de 31 de março de 1964.

Alessandro Portelli afirma que a entrevista de campo deve ser um "experimento em igualdade". Esta deve ser a busca do pesquisador como condição básica para uma comunicação menos distorcida. Todavia, tal *igualdade*, ainda segundo Portelli, não depende da "boa vontade do pesquisador, mas de condições sociais":

> Enquanto os informantes que integram grupos oprimidos ou marginais hesitam em se abrir para membros da elite, cada campo de trabalhador se envolverá em um complicado jogo de esconde-esconde. [...] não somente o observado, mas o observador são diminuídos e postos de lado quando questões sociais tornam a igualdade impossível [...].[364]

No caso particular das mulheres da Camde, não estão em questão desigualdades sociais do tipo das encontradas por Portelli[365] como determinan-

---

[363] Dantas, 1998, p. 25-27.

[364] Portelli, 1997, p. 9-10.

[365] Portelli citava o exemplo da entrevista realizada com um comunista politicamente ativo, que possuía vasto repertório de canções populares e, entre estas, duas fascistas. O

tes dos silêncios que permeiam os depoimentos ou, simplesmente, como determinantes da recusa em conceder entrevistas. No entanto, da mesma forma, a busca de uma situação de igualdade que influi positivamente nos procedimentos de campo é prejudicada em virtude da derrota sofrida pelo projeto político dessas mulheres no plano da memória.

Assim, a transição democrática brasileira ao longo dos anos 1980 consagrou, no plano da memória, a vitória das esquerdas, derrotadas política e militarmente nas décadas de 1960 e 1970; em contrapartida, neste mesmo processo, os grupos que apoiaram o regime de 1964 foram relegados ao esquecimento. É compreensível, portanto, que as entrevistadas — bem como aquelas que se recusaram a conceder entrevistas — olhassem com desconfiança para uma pesquisa (e pesquisadora) que pretendesse recuperar a trajetória de um grupo *esquecido* durante duas décadas, comprometendo, assim, a realização da pesquisa de campo como um "experimento em igualdade".

Sob este aspecto, a posição de quem decide espontaneamente escrever suas próprias memórias, sem a presença de um intermediário, seja talvez mais confortável que a de alguém falando diante de um pesquisador numa entrevista formal. No entanto, em ambos os casos não podemos perder a dimensão de que o ato de *lembrar* é um ato de *seleção*. Seja numa entrevista, seja num livro autobiográfico, os eventos recuperados e as formas de se recuperar o passado passam previamente por um processo de seleção, o qual se define, entre outras coisas, pelo momento da escrita,[366] pelos valores, tradições, enfim, pela cultura política partilhada por aquele que escreve ou narra em um contexto determinado.

É nesse sentido que podemos aproximar os depoimentos recolhidos da autobiografia escrita por Eudoxia, ou seja, ainda que por vias diferencia-

---

entrevistado, disse-lhe, alguns anos depois, que sua experiência o havia ensinado que estaria mais resguardado se incluísse estas duas canções em seu repertório.

366 Mais uma vez, lembramos as conclusões de Portelli sobre a "natureza historicamente condicionada do trabalho de campo" e a influência que um determinado contexto político e social exerce sobre os depoimentos coletados. Cf. Portelli (1997:12).

das, em ambos os casos as questões relativas aos silêncios ou à "má consciência",[367] o fato de ter de lidar com o "risco da incompreensão", sobretudo por se tratar de uma memória em grande parte renegada pela sociedade, se fizeram presentes.

De qualquer forma, eventuais silêncios não diminuem a importância do relato no que tange à compreensão do universo simbólico e material que dava sentido à vida e organizava as decisões políticas tomadas pelas mulheres da Camde. Ao contrário, se tomamos, como sugere Laborie, o silêncio como "forma de presença no mundo",[368] podemos observar melhor — entre o que *pode* e o que *não pode* ser dito — as formas pelas quais a memória dos grupos que apoiaram a ditadura são reconstruídas diante de uma sociedade que renega a importância da ação destes segmentos para a compreensão da recente história do país.

É preciso destacar, ainda sobre as questões relativas a possíveis *silêncios* ou mesmo *esquecimentos* presentes em sua autobiografia, que a dinâmica da narrativa de Eudoxia Dantas difere bastante da que encontramos nos depoimentos recolhidos de suas colegas. Isso, é claro, guardando as devidas diferenças existentes, como já tentamos demonstrar, entre uma autobiografia e um depoimento de história oral. O fato de não ter recolhido histórias de vida por si já configuraria diferenças bastante significativas entre ambos os relatos, visto que na autobiografia há um peso enorme dos aspectos da vida privada de Eudoxia Dantas — na verdade, o privado se sobrepõe ao público em sua narrativa.

Mas, além disso, o que confere dinâmica diferenciada aos dois tipos de testemunhos diz respeito justamente aos aspectos do mundo público, em particular ao que se refere à militância política destas mulheres na Camde. Como já observamos, a imensa maioria das associadas que foram localizadas recusaram-se a falar sobre o seu passado; em segundo lugar, as poucas que se dispuseram a falar o fizeram sempre com muitas reservas. Encontrei

367 Laborie, 2003, p. 54.

368 Ibid., p. 57.

aquelas que somente aceitaram falar em conjunto, bem como aquelas que foram bastante sucintas em suas falas, não admitindo marcar nova entrevista. Às vezes insistiam que poderiam colaborar com muito poucas informações, e que o ideal seria procurar outras mulheres.

No entanto, no depoimento de todas elas há um movimento que é comum: falam sempre com muito orgulho da Camde, sem associá-la diretamente aos militares ou a qualquer tipo de movimento que tivesse por objetivo depor o presidente Goulart. Em seguida, e num *aparente* paradoxo,[369] relatam com igual satisfação sua participação nos acontecimentos que levaram à queda de Goulart e, sobretudo, a organização da Marcha da Família com Deus pela Liberdade, no Rio de Janeiro. Demonstram também muito entusiasmo e admiração pela figura e pelo governo do marechal Castello Branco, mas afirmam terem se desiludido com o endurecimento do regime e com a *ditadura militar* implantada por Costa e Silva.[370]

É justamente essa "desilusão" que pudemos observar nos depoimentos das mulheres da Camde — ou "memória da desilusão" — o ponto onde se afastam os depoimentos das outras associadas das diversas *falas*[371] de Eudoxia Dantas. Antes, contudo, de analisar essas falas, é importante destacar que me refiro a uma "memória da desilusão" no sentido de que esta última é muito mais uma construção *a posteriori*. Compõe uma estratégia para tomar

---

369 O paradoxo se resolve, pois a Camde nunca é definida, seja nos depoimentos, seja nos documentos da associação, como uma entidade política, mas sim como uma associação que lutava a favor da manutenção de valores e instituições supostamente ameaçados pelo comunismo, como a família e a religião. Daí a possibilidade, coerente (além de politicamente mais aceitável), de essas mulheres não se vincularem a uma campanha de desestabilização do governo Goulart e, ao mesmo tempo, se sentirem orgulhosas de terem participado das articulações que levaram à queda do presidente. Isso porque o golpe civil-militar é entendido como uma "revolução salvadora" do país, ameaçado pelo comunismo.

370 Entrevista concedida à autora por três ex-diretoras da Camde que solicitaram anonimato. Rio de Janeiro, 12 set. 2006.

371 Aqui, não estou me referindo somente ao livro autobiográfico de Eudoxia Dantas, mas também aos trechos da entrevista concedida a Solange de Deus Simões — disponíveis em seu livro *Deus, pátria e família: as mulheres no golpe de 1964* —, bem como ao depoimento concedido à jornalista Denise Assis, para seu livro *Propaganda e cinema a serviço do golpe*.

parte neste movimentom que é mais amplo na sociedade brasileira, de rejeitar a ditadura e suas ligações com ela. A própria documentação produzida e arquivada pela Camde desde inícios do governo Costa e Silva até meados da década de 1970 é representativa do fato de que não apenas essas mulheres não se *desiludiram* com o regime, como mantiveram sua posição de defesa e adesão com relação às políticas oficiais do governo durante todo o período mencionado.

De qualquer forma, quero agora chamar a atenção para o fato de que, mais uma vez, temos um aspecto que diferencia a fala da militante Eudoxia Dantas da fala das demais militantes: em sentido oposto Eudoxia — quer no depoimento que concedeu a Solange de Deus Simões ainda em 1983, no bojo do processo de abertura política, quer na entrevista concedida a Denise Assis quase 15 anos depois, ou em sua autobiografia publicada em 1998 — jamais expressou qualquer tipo de *arrependimento* ou *desilusão* com relação aos rumos de sua militância.

Sempre manifestou, com muita desenvoltura e sem maiores constrangimentos, o orgulho de ter participado diretamente dos acontecimentos que levaram à queda de Jango e à intervenção militar. Em nenhum momento notamos declarações no sentido de negar sua identificação com os valores postulados pelos militares, seja em 1964, em 1968 ou já em 1974, quando participou de um congresso na Suíça contra a legalização do aborto e aproveitou para, em nome da Camde e do governo brasileiro, "fazer propaganda apropriada do Brasil" no exterior.[372]

Assim, em 1983, em entrevista concedida para o livro de Solange Simões, Eudoxia lembrava desta forma o protesto dirigido pela Camde ao ministro Hermes Lima, a favor da intervenção armada em Cuba quando da Crise dos Mísseis: "Nós gritamos para ele [o ministro]: 'Onde está a honra do Brasil? Para onde o senhor está nos levando?' Quer dizer, nós fizemos uma reclamação violentíssima. Sabe que ele ficou tão nervoso, tão furioso que caiu e quebrou o pé". E continuava:

---

[372] Dantas, 1998, p. 156.

> Duas horas depois, nos EUA, já estavam comentando as coisas, o fato. Foi assim brilhante, no sentido da opinião pública, não? Deu uma vazão imensa, mostrou o caminho para muita gente porque *isto tudo veio nos jornais da maneira mais escandalosa possível.*[373] [grifos no original].

Sobre este episódio, é interessante verificar como, 15 anos depois, ele é relatado quase da mesma maneira pela autora em sua autobiografia:

> No dia em que o Governo João Goulart deu ostensivo apoio à Cuba de Fidel Castro nós, da Camde, indignadas por mais essa traição, resolvemos protestar. Nossas diretoras de comunicação entraram em contato com o rádio e a televisão, convocando o povo a dirigir-se ao Palácio Itamaraty, e reclamar do Chanceler Hermes Lima essa atitude pró-Cuba. Lúcia Jobim foi destacada para ler um discurso — escrito no próprio automóvel que nos levava ao Itamaraty. Centenas de senhoras atenderam ao nosso apelo. Nós, à frente, enchemos a entrada do Itamaraty e, sob o impulso da revolta, exigimos a presença do Chanceler, que se viu obrigado a nos ouvir e dar uma satisfação, pois gritávamos repetindo: "Onde está a honra do Brasil?". Ele, rodeado de diplomatas estarrecidos, apareceu indignado e foi obrigado a nos ouvir, e ao responder, nervoso e assustado, caiu da escada quebrando um pé. [...] Pelo inesperado da ação, a repercussão foi colossal. Duas horas depois (soube pelos próprios jornalistas), a notícia explodiu como uma bomba em Nova York.[374]

No trecho do livro encontramos uma riqueza de detalhes, quiçá uma crônica dos acontecimentos que, pela objetividade do texto acadêmico de Solange Simões, não encontramos no fragmento citado. Não obstante, chama a atenção o fato de que, passados 15 anos, a essência dos dois relatos permaneça basicamente a mesma, alterando-se apenas o estilo da narrativa, por assim dizer.

---

[373] Simões, 1985, p. 80.

[374] Dantas, 1998, p. 85.

Para além destas questões, importa-nos reter disto que, uma coisa é conceder uma entrevista deste teor em 1983, quando o país estava imerso no processo de abertura política e as batalhas de memória se definiam *a favor* das esquerdas. Naquele momento, era importante política, social e ideologicamente marcar posições, tanto à esquerda quanto à direita. No entanto, bem diferente é construir uma narrativa neste mesmo tom comprometido em 1998, ano, aliás, profícuo em comemorações que enalteceram o heroísmo das esquerdas derrotadas e condenaram as direitas, tendo como referência os 30 anos do "estranho ano de 1968".[375]

É nesse sentido que os relatos feitos por Eudoxia Dantas possuem dinâmica diferenciada dos depoimentos das demais associadas da Camde: mesmo em períodos nos quais a memória das esquerdas é recuperada e enaltecida em detrimento da memória dos grupos que apoiaram o regime — estes relegados quando não à condenação direta, ao menos ao esquecimento, como o foi em 1998 —, Eudoxia afirma enfática sua adesão militante à ditadura civil-militar.

Percebemos o mesmo comportamento na entrevista que concedeu a Denise Assis para o livro publicado em 2001, no qual Eudoxia afirmava sua participação nos acontecimentos de 1964 "em tom solene": "Foi a maior glória da minha vida ter podido servir ao meu país".[376] O mesmo orgulho e ardor militante demonstra no capítulo de sua autobiografia dedicado à Camde, quando relata, entre outras passagens significativas, como percebiam a oposição de setores da própria Igreja Católica ao regime de 1964:

> D. Valdir Calheiros, bispo de Volta Redonda, dizia:
>
> — A mudança virá! Com a Igreja, contra a Igreja ou sem a Igreja. De onde viria essa mudança com a qual d. Valdir nos ameaçava? Mudanças democráticas e cristãs não nos amedrontavam. Ao contrário, seriam

[375] Aarão Reis Filho, 2005, p. 7.
[376] Assis, 2001, p. 58.

> evoluções naturais da própria democracia, que muito nos orgulhávamos de aperfeiçoar.[377]

As críticas feitas por setores progressistas da Igreja Católica ao regime de 1964 incomodavam em particular uma militante anticomunista de rígida formação católica. Para além disso, apesar das "vozes [que] se posicionaram a favor do comunismo" terem abalado "a unidade da Igreja",[378] Eudoxia acreditava entusiasticamente estar defendendo a instituição Igreja e "aperfeiçoando a democracia" ao se posicionar contra o comunismo e a favor dos militares.

■ ■ ■

Sem querer impor uma linearidade que pretenda dar coerência e sentido aos fatos narrados por nossa personagem, sob pena de nos contentarmos com a "ilusão retórica" ou "biográfica" de Bourdieu, é importante agora tentar recuperar a "rede" — também referida por Bourdieu — de relacionamentos em torno dos quais se movimentava a vida de Eudoxia Dantas. Interessante observar como, na medida em que a autora reconstruía sua vida, selecionando os eventos que mereciam ser narrados, ela nos foi fornecendo elementos importantes que nos permitiram identificar dados significativos da cultura política partilhada por um certo setor da sociedade do qual fazia parte. Podemos, assim, perceber que as opções políticas realizadas por nossa personagem não são mais que frutos do meio social no qual conviveu e para o qual foi educada. Muitos desses comportamentos se refletiram nos parâmetros que guiaram a militância política da Camde, como poderemos perceber.

Eudoxia Ribeiro Dantas nasceu em São Paulo, no início do século XX, mas não nos revela exatamente o ano. Era filha de Joaquim Lebre Filho, industrial paulista, e Sophia Ellis, filha do senador republicano Alfredo

---

[377] Dantas, 1998, p. 96.

[378] Ibid.

Ellis. Seu pai é retratado com todos os supostos atributos de um patriarca: generoso, honesto, de espírito empreendedor; o provedor não apenas de sua casa, mas eventualmente também de suas quatro irmãs, visto que era o único filho homem do conde de São Joaquim.[379] É interessante notar, aqui, como os personagens masculinos têm maior peso que os femininos: o avô materno, o pai e o marido são minuciosamente descritos, e suas vidas são tidas como exemplos a serem seguidos pelos demais. Em contrapartida, as personagens femininas são como "coadjuvantes" das histórias centrais, ou seja, as dos homens.

Assim, do avô materno Eudoxia nos conta:

> Meu avô materno, o senador Alfredo Ellis, tinha uma personalidade ímpar, pela inteligência e senso moral. Lembro-me deste meu avô [...] como um personagem romântico de grande coragem e que o fez respeitado durante seus 25 anos na presidência do Senado [...] Lembro-me de que ainda criança, era impressionante ouvir este meu avô com a autoridade que lhe conferia sua integridade moral. Pelo telefone, ele um dia arrasou com o então presidente Arthur Bernardes e eu, pequenina, ouvi e ainda lembro-me das palavras mais duras e até sarcásticas com as quais brindou o presidente.[380]

Por outro lado, seu relato sobre a avó materna é ínfimo e, na verdade, trata-se mais de uma extensão do relato sobre o avô:

> Por entendimento entre as famílias, minha avó Sebastiana Eudóxia, filha do Visconde de Cunha Bueno e de d. Maria do Carmo, foi destinada, ao nascer, para casar com seu primo Alfredo Ellis, cinco anos mais velho. Ao completar dezessete anos, Alfredo, partindo para estudar Medicina nos Estados Unidos, confirmou este compromisso oferecendo à prima um anel de noivado. Contava minha avó que desde então apaixonara-se pelo primo, tendo sido

[379] Dantas (1998:39-43). Cf. capítulo "Famílias de meus pais — Lado paterno".
[380] Dantas, 1998, p. 43.

> ele até a morte o seu único amor. Foram muito felizes a vida inteira. Minha avó era uma esposa perfeita.[381]

Neste relato encontramos não somente uma descrição de sua avó materna, mas o esboço de um modelo de mulher que definia seu lugar não apenas na família, mas também na sociedade. Este lugar é o que a coloca à sombra do marido e estabelece como suas vocações fundamentais o lar e a maternidade, o que, na década de 1960, será enfaticamente reafirmado pelas militantes da Camde.

No mesmo sentido segue a descrição que a autora faz de seus pais. O "ator" central é o pai, homem de indústria, que possui todas as características de um patriarca. Sua trajetória, sobretudo o episódio da falência de sua indústria quando da crise de 1929, é minuciosamente narrada, destacando-se sempre suas qualidades na condução do processo:

> Nunca mais na trajetória de minha vida encontrei um homem com as qualidades de firmeza, generosidade e caráter como meu pai. Ele dizia: "Eu posso quebrar mas nunca me vergarei". Quando ele foi obrigado pelas circunstâncias adversas da crise geral, a pedir uma concordata [...], conseguiu em tempo recorde refazer a parte da qual tinha perdido.[382]

Por outro lado, a parte dedicada à sua mãe é, como no caso da avó, uma extensão primeiro da trajetória dos pais dela e depois, do marido. Quando recupera a genealogia de sua família materna, após descrever detalhadamente a trajetória do avô como homem público, Eudoxia enumera um a um os herdeiros do senador Alfredo Ellis. Sua mãe é a terceira filha:

> 3. Sophia Ellis, minha mãe, casada com Joaquim Lebre Filho, que nunca quis usar o título a que tinha direito — de conde de São Joaquim — já que

---

[381] Dantas, 1998.

[382] Ibid., p. 41.

> este era um título português, teve sete filhos: Joaquim, Sofia, Rita, Alfredo, Arthur — que morreu aos quatro anos de idade —, Silvio e, por fim, eu, a caçula Eudoxia.[383]

A identidade da mulher é, assim, construída a partir das figuras masculinas que a cercam e dos papéis para os quais foi destinada: sua trajetória é definida tendo como base primeiro o pai, depois o marido e os filhos. Em outras palavras, primeiro a mulher é *filha de alguém*, depois *esposa* e, por fim, *mãe*. Assim é narrada a trajetória das mulheres da família de Eudoxia Dantas, inclusive a dela própria. De certa forma, nossa personagem fora educada para repetir essas histórias e, segundo ela, muito a orgulhava ter podido repeti-las. Sobre seu casamento com José Bento Ribeiro Dantas, a autora conta: "Tive a felicidade de nunca ter-me oposto à sua orientação para a nossa vida em comum, ou ter impedido seu coração cristão de realizar-se. Apesar de eu ser mulher de espírito independente, sempre o aceitei como chefe. Nunca me arrependi disso".[384]

Interessante observar que, mais tarde, nos anos 1960, este modelo de mulher — obediente, resignada à vontade dos pais e "esposa perfeita" — será reafirmado publicamente pelas militantes da Camde. Mais do que isso, foi em nome da preservação deste modelo de feminilidade e de família, no qual a mulher possui um lugar bem-definido, que as senhoras da Camde foram às ruas lutar contra o comunismo. A postura com relação ao marido da qual Eudoxia diz não se arrepender foi, na verdade, um dos pilares básicos da organização pública da Camde. Por exemplo, em agosto de 1964 duas diretoras da associação estiveram em Bogotá, onde relataram ao jornal *El Tiempo* sobre os acontecimentos que tiveram lugar no Brasil desde março daquele ano, bem como sobre o papel das mulheres naquela conjuntura. Explicaram que se organizaram contra a "política do governo de favorecer qualquer ação comunista" o que, por sua vez, ameaçava destruir "a

[383] Dantas, 1998, p. 45.
[384] Ibid., p. 60.

unidade da família". Em virtude disso, "seus maridos compreenderam e as deixaram atuar".[385]

Ao descrever os homens e mulheres de sua família, Eudoxia Dantas deixa transparecer elementos importantes da cultura política partilhada por segmentos da sociedade que remonta ao fim do século XIX e ao início do século XX — época em viveram seus avós e pais. Elementos estes que estavam presentes em 1964, quando as mulheres saíram ao espaço público para lutar "por um saneamento no Brasil, por uma vigilância cívica, pois a nós é dada a grande responsabilidade de povoar com bons brasileiros a nossa querida pátria".[386] Mais do que isso, a narrativa de Eudoxia Dantas possibilita observarmos o sentido tomado pela construção social do masculino e do feminino em nossa sociedade. Aqui, o conceito de gênero — visto justamente como o processo de elaboração histórico-cultural desses papéis e das relações de poder entre homens e mulheres[387] — pode nos ajudar a compreender a presença destes elementos da cultura política conservadora, os quais definem como vocações femininas o lar e a maternidade, e designam o espaço público como função masculina na estruturação da militância política da Camde.

Para além destas questões relativas ao lugar da mulher na sociedade, que neste caso em particular fazem parte do imaginário das militantes desta associação, alguns dados biográficos relatados por Eudoxia Dantas ajudam a compreender os caminhos pelos quais se deu a inserção destas mulheres na vida política brasileira durante a década de 1960. Isso porque tais elementos permitem-nos vislumbrar, como já destacamos, o universo simbólico e material partilhado por estas mulheres, bem como entender o apoio manifesto dado ao golpe e ao regime civil-militar não somente a partir da

---

385 Fundo Campanha da Mulher pela Democracia. (Arquivo Nacional/Codes. Documentos Privados. Código PE. Caixa 40. Pasta 4.) Recorte de jornal: "Las amas de casa brasileras transforman ahora el país". *El Tiempo*, Bogotá, 2 ago. 1964.

386 Fundo Campanha da Mulher pela Democracia. (Arquivo Nacional/Codes. Documentos Privados. Código PE. Caixa 38. Pasta 1.) Recorte de jornal: "Mulheres vão às ruas lutar pelo Regime". *Diário de Notícias*, 22 abr. 1964, Primeira Seção, p. 9.

387 Cf. Thébaud (2004:67).

lógica da manipulação/coerção. Permitem chamar a atenção para a *rede* de relacionamentos na qual nossa personagem conviveu e, por conseguinte, observar quais eram os valores e tradições prezados neste meio social e entender, portanto, as opções políticas possíveis de acordo com o modo de vida do grupo social do qual fazia parte.

Assim, é importante destacar alguns aspectos de sua vida, como os que se seguem. Eudoxia Ribeiro Dantas era filha de uma abastada família paulistana do início do século XX. Passou sua infância numa confortável casa da avenida Paulista, região nobre de São Paulo. O pai era um grande industrial do ramo de artigos de arame e passou por problemas financeiros quando da crise de 1929 mas, como já apontamos, conseguiu reerguer-se mais tarde.

Os homens do lado materno da família possuíam certa tradição política. Seu avô, o médico e agropecuarista Alfredo Ellis, foi deputado e, em seguida, senador pelo Partido Republicano Paulista (PRP) entre os anos de 1891 até seu falecimento em 1925.[388] Das memórias de Eudoxia Dantas, destacam-se, sobre seu avô, as narrativas de alguns episódios bastante representativos da posição política como deputado e senador. Além da já citada indisposição com o então presidente Arthur Bernardes, Eudoxia nos conta sobre uma discussão com "um senador nortista", o qual teria dito que "São Paulo não passa de uma grande cafeteira", ao que o senador respondera: "Pois é do bico desta cafeteira que corre o subsídio para Vossa Excelência".[389] Esse tipo de comportamento pode ser considerado característico de um político que representava o liberalismo oligárquico da Primeira República brasileira, em particular a oligarquia paulista, de grande peso político-eleitoral.

O tio, também chamado Alfredo, seguiu igualmente a carreira política, "tornando-se rapidamente deputado por São Paulo". Sobre o papel de seu tio como político, Eudoxia destacou sua "admiração e amor por São Paulo e os paulistas", o que o levou a se posicionar contra a ascensão de Vargas e, parti-

---

388 Ver, além do próprio livro de Eudoxia Dantas, o site do Senado Federal: <www.senado.gov.br/sf/senadores/senadores_biografia.asp?codparl=1382&li=30&lcab=1915-1917&lf=30>. Acesso em: 25 abr. 2007.

389 Dantas, 1998, p. 43.

cularmente, a lutar "por São Paulo e pela Constituição desrespeitada por Getúlio Vargas nas linhas de fogo", quando da Revolução Constitucionalista de 1932.[390]

É importante chamar a atenção sobre a posição de seu tio em 1932, visto que, segundo a própria autora, ela era "a sobrinha predileta, com quem conversava e a quem dava aulas de patriotismo e amor exaltado ao nosso estado". E continuava: "No meu consciente e subconsciente ficaram gravadas as ardentes palavras que mais tarde explodiram [...] na formação e militância política da Camde em 1962, manifestando e agindo seriamente na contrarrevolução de 31 de março de 1964".[391]

Dessa forma, devemos chamar a atenção para o fato de que 1932 ocupa lugar importante no que a autora considera sua formação política. Os eventos ocorridos em São Paulo, então, constituem um capítulo inteiro na autobiografia de Eudoxia Dantas. Na narrativa, o foco central recai sobre o *heroísmo* dos paulistas e a *repressão* do Estado varguista. Da mesma forma que aparecem nos discursos da Camde em 1964, quando justificavam a intervenção militar pela suposta defesa da ordem legal e da democracia, também sobre 1932 Eudoxia enfatizaria, repetindo a versão oficial, que as causas do levante paulista foram a "tomada de posse do Brasil e o desrespeito à nossa Constituição", que "nunca foram tolerados por São Paulo".[392] Ainda sobre a importância de 1932 para a formação militante da autora, ela nos conta que trabalhou como voluntária enviando roupas civis aos soldados que precisavam retornar para casa e eram proibidos de fazê-lo usando fardas.

Para além do relato de Eudoxia Dantas sobre a centralidade da revolta paulista em sua formação política, é preciso mencionar que o imaginário de 1932 esteve fortemente presente mais tarde. nas Marchas da Família com Deus pela Liberdade, sobretudo nas marchas paulistas. É isso que nos descreve a publicação da União Cívica Feminina (UCF) de São Paulo sobre a Marcha da Família realizada naquela cidade:

---

[390] Dantas, 1998, p. 45-46.
[391] Ibid., p. 46.
[392] Ibid., p. 25.

> MMDC — Martins, Miragaia, Dráuzio e Camargo — é um poema da vida brasileira, escrito numa placa de mármore, na praça da República, onde caíram, varados a bala, os primeiros quatro mártires da Revolução de 32. Eles jogaram e perderam, na batalha pela liberdade de ser, a liberdade de existir. Dali partiu a marcha, reencetando a batalha perdida da outra vez. Na lembrança daqueles mortos encontrará o paulista vigor e fé para nova batalha, após cada batalha perdida.[393]

De acordo com Aline Presot, na marcha paulista a memória da Revolução Constitucionalista de 1932 constitui uma das construções imagéticas mais marcantes. Nela, "o conjunto de representações acerca de 1932 foi reelaborado, tendo seu repertório calcado especialmente no respeito à Constituição e às liberdades democráticas".[394] Mas, tendo em vista o imaginário político de 1964 e as tentativas de legitimar e institucionalizar o golpe de 31 de março como um movimento em defesa da ordem legal e democrática, os grupos civis que apoiaram a intervenção militar precisavam "inventar uma tradição" que não deixasse dúvidas a respeito da ligação da "Revolução de 1964" com o passado histórico brasileiro. Nesse sentido, 1932 deixa de ocupar espaço simbólico apenas regional e ganha dimensões nacionais. Foi o que ocorreu, por exemplo, quando os Diários Associados reelaboraram em São Paulo, logo após o golpe, a campanha Ouro pelo Bem do Brasil, numa clara referência à campanha de mesmo nome realizada em São Paulo em 1932.[395] Esta campanha, que teve amplo apoio dos grupos femininos paulistas foi, em seguida, realizada na Guanabara em parceria com a Camde.[396]

Ainda em 1932 Eudoxia casou-se com José Bento Ribeiro Dantas e teve dois filhos: Joaquim Bento e Marcos. As posições políticas e a postura

[393] Matias [s.d.].

[394] Presot, 2004, p. 79.

[395] Cf. Pandolfi (2003:14-37).

[396] Fundo Campanha da Mulher pela Democracia. (Arquivo Nacional/Codes. Documentos Privados. Código PE. Caixa 41. Pasta 2.) Recorte de jornal: "Ouro para o Bem do Brasil mobiliza o povo carioca e empolga o resto do país". *O Jornal,* 4 maio 1964.

como homem de negócios de seu marido também são fundamentais para compreender o engajamento político de Eudoxia Dantas a partir dos anos 1960. José Bento Ribeiro Dantas foi presidente por muitos anos da companhia aérea Cruzeiro do Sul; em 1946 foi presidente da Associação das Empresas Aéreas Internacionais (Iata); mais tarde foi eleito presidente do Centro Comercial do Rio de Janeiro, por duas vezes: em 1966 e 1968. Nos anos 1950 cursou a Escola Superior de Guerra (ESG) e, quando se formou, em 1957, foi eleito orador da turma.[397] Além disso, já no início dos anos 1960 seu nome aparece como sendo um dos sócios-fundadores do Instituto de Pesquisa e Estudos Sociais (Ipês), e a Cruzeiro do Sul, bem como o Centro Industrial do Rio de Janeiro como duas das entidades que colaboravam financeiramente com certa frequência com este instituto.[398] Interessante chamar a atenção para o fato de que, entre as inúmeras atividades exercidas por José Bento Ribeiro Dantas, em momento algum de seu livro Eudoxia menciona as ligações do marido com o Ipês.

Este era o perfil público do marido de Eudoxia Dantas, o qual, segundo ela,

> sofreu sérias dificuldades por parte de um governo dominado por elementos de esquerda, cujas reivindicações abalavam financeiramente sua empresa [...] Muitas vezes eu, ao seu lado no telefone, dei-lhe força para resistir a Jango, que forçava para obter a notícia de que conseguira as reivindicações e terminara a greve que fora fomentada pelos dirigentes sindicais, colocados nos altos postos pelo próprio governo.[399]

É interessante notar o caso particular de Eudoxia e José Bento Ribeiro Dantas: enquanto ela possuía um histórico de participação e engajamento político que é anterior ao casamento, no caso de José Bento, seu envolvi-

---

[397] Dantas, 1998, p. 57.

[398] Cf. Fundo Instituto de Pesquisa e Estudos Sociais. (Arquivo Nacional/Codes. Documentos Privados. Código QL. Caixa 25. Pacote 2.) Estatutos Ipês/GB, 1964: lista de sócios-fundadores (p. 21) e de membros do Conselho Orientador (p. 22). Sobre as doações da Cruzeiro do Sul ao Ipês, ver Assis (2001:69-71).

[399] Dantas, 1998, p. 58.

mento com a política foi aumentando de acordo com as posições que galgava e as funções que acumulava como empresário; portanto, posteriormente ao casamento com Eudoxia. Esta, por sua vez, procura filiar seu "espírito" militante às lembranças do engajamento político do avô, o senador Alfredo Ellis, bem como às conversas que tinha com o tio deputado. Além disso, sua entrada no cenário público não se deu em 1962, com a fundação da Camde, mas em 1932, com a ajuda voluntária aos soldados paulistas.

Sendo assim, a partir da observação da trajetória pública e privada de uma importante militante da Camde, torna-se insustentável a ideia, como sugere consagrada historiografia, de que as mulheres que entraram na vida pública o fizeram porque *manipuladas* por figuras masculinas. A biografia de Eudoxia Dantas nos demonstra, ao contrário, que neste caso a esposa possuía tradição de participação política anterior à do marido. E mais que isso, a esposa prosseguiu militando mesmo após a morte do marido, em 1969. Prosseguiu, ainda, reafirmando sua crença nos valores de 1964 (e/ou de 1932) mesmo quando a sociedade celebrava sua *fé* nos valores de 1968, nos valores das esquerdas. De outro modo, a narradora não escapa também à ilusão biográfica de Bourdieu: a busca pelos referenciais políticos de sua família não deixa de ser uma forma de tentar legitimar sua militância política nos anos 1960.

Em suma, o exemplo da trajetória de vida de uma das mais entusiasmadas líderes de um grupo feminino neste período aponta para o fato de que determinados valores defendidos por estes segmentos da sociedade brasileira em 1964 e depois estavam fortemente enraizados na vida destas pessoas há gerações. O catolicismo e o anticomunismo exacerbados, a defesa de uma determinada moralidade — definidora dos papéis femininos e masculinos em um modelo familiar patriarcal —, o apreço por valores como a hierarquia e a autoridade, a condenação do comunismo — como a negação de tudo isto — e a defesa de uma *democracia fortalecida* são, todos, componentes de uma cultura política autoritária e conservadora que transparece a todo o momento na narrativa de Eudoxia Dantas e que é anterior a 1964.

Podemos observá-la, por exemplo, quando nossa personagem se detém na enumeração das qualidades que admira nos homens da família, quando fala de sua relação com os filhos e o marido, quando emite sua opinião a respeito dos fatos políticos que marcaram seu tempo. Em suma, é na medida mesma da interseção entre o público e o privado que podemos perceber que os valores pelos quais Eudoxia Dantas foi às ruas em 1964 clamar *pela* — e em seguida comemorar *a* — intervenção militar no país estavam, há muito, internalizados por segmentos da sociedade brasileira e, em particular, por algumas mulheres, compondo um aspecto importante do imaginário político e social brasileiro.

Mais do que isso, o livro de Eudoxia Dantas, publicado em 1998, nos permite questionar em que medida realmente a redemocratização do país, a volta dos militares aos quartéis e a vitória das esquerdas no plano da memória permitiram a superação destes valores responsáveis pela ascensão e permanência de uma ditadura no país por 21 anos.

Considerações finais

Entusiasmo, desencanto e esquecimento: as metamorfoses das memórias

Nos anos 1970 a Camde encerrou suas atividades. Os trabalhos que trataram da associação normalmente dizem pouco ou nada dizem sobre o fim da Camde. Para Solange Simões, as causas do encerramento das atividades dos grupos femininos em geral passam por questões de ordem interna, mas também estão relacionadas com os rumos tomados pela ditadura: "este vai cada vez mais lançar mão de medidas repressivas diretas em detrimento dos empenhos de 'legitimação' da nova ordem social e política".[400]

Apesar das poucas informações sobre o fim das atividades do grupo — no arquivo da Camde não há referências a isso, tampouco no do Ipês, que foi extinto antes mesmo do grupo feminino —, acredito que as razões não estão no fato de o regime ter "lançado mão" deste tipo de legitimação civil. Afinal, de acordo com a entrevista de Eudoxia Ribeiro Dantas a Solange Simões, a Camde *entrou em recesso* e não mais retomou suas atividades, apesar de o próprio presidente Geisel ter "pedido para que a associação não encerrasse".[401] Não parece, pois, que o governo não precisasse mais se legitimar através desses grupos da sociedade civil.

É certo, também, que nos primeiros anos da década, durante o governo Médici, os órgãos de repressão se aperfeiçoaram e a perseguição aos *inimi-*

---

[400] Simões, 1985, p. 135.

[401] Ibid., p. 135-136.

gos do regime se intensificou. Não obstante, é também um momento de grande popularidade do regime: o campeonato mundial de 1970, os festejos do sesquicentenário da Independência em 1972, a euforia do *milagre brasileiro* são momentos-síntese para observarmos não somente como o governo procurava se legitimar junto à sociedade civil, como também segmentos expressivos da sociedade lhes respondiam de forma positiva.

Neste momento, *coerção* e *consentimento* nunca estiveram tão "inextrincavelmente unidos".[402] É difícil, portanto, não perceber nas mulheres da Camde um dos grupos beneficiados pelo *milagre econômico* e entusiasmados por ele. O *milagre* era justamente o tipo de "recuperação" econômica que elas pretendiam ver realizado, quando, por exemplo, em 1965, se engajaram na Campanha pela Economia Popular, ou mesmo em 1964, ao contribuírem na campanha Ouro para o Bem do Brasil. Nesse sentido apoiaram o "aprofundamento da ação revolucionária" através dos atos institucionais 2 e 5.

De acordo com Eudoxia Ribeiro Dantas, a Camde "entrou em recesso devido à não renovação da liderança".[403] O argumento da ex-presidente da associação suscita questões interessantes. O problema da "falta de renovação de liderança": foram, curiosamente, estas mesmas palavras que as associadas da UCF de São Paulo, grupo que ainda hoje realiza atividades, utilizaram para falar do "maior problema que a UCF enfrenta hoje em dia".[404]

O último registro de atividades da Camde data de 1974 e refere-se à participação no congresso da Suíça contra o aborto, apontado por Eudoxia Dantas em sua autobiografia. Assim, conquanto o problema da "renovação de liderança" tenha atingido internamente a Camde e a UCF — em momentos muito diferentes — e deva ser considerado, ele sozinho não explica o fim da associação.

Não obstante, no caso da Camde, uma pergunta se impõe: por que uma associação que possuía tanto prestígio (o próprio presidente Geisel teria

---

[402] Gellately, 2002, p. 14.

[403] Simões, 1985, p. 135-136.

[404] Entrevista concedida à autora por duas militantes da União Cívica Feminina (UCF). São Paulo, 17 maio 2007.

solicitado que não encerrasse suas atividades) e um papel tão destacado nos acontecimentos de 1964 teve problemas de renovação de seus quadros num momento em que o regime desfrutava ainda de relativa popularidade?

Algumas entrevistadas relacionavam o fim das atividades da Camde à progressiva preponderância que as atividades de cunho assistencialista foram ganhando na associação. Em outros momentos, atribuíam o fato ao próprio fechamento do regime.[405] Muitas mencionaram seu desencantamento com os rumos tomados pela "Revolução". Certamente, como demonstramos no capítulo 3, este "desencantamento" relaciona-se muito diretamente com as construções de memória que o presente realiza sobre a ditadura. Trata-se de uma reconstrução *a posteriori*.

Todavia, permanecem os questionamentos que o argumento da "falta de renovação de liderança" impõe. Ao que parece, a Camde não sobreviveu às suas fundadoras do núcleo de Ipanema, representadas pelas três presidentes: Amélia Molina Bastos — em torno de quem a associação se constituiu —, Maria Helena da Gama Câmara e Eudoxia Ribeiro Dantas. Na verdade, os argumentos em torno dos quais a Camde organizou sua militância não sobreviveram. É preciso, pois, considerar que 1974, ano no qual a Camde encerrou suas atividades, é um ano-chave. Foi quando o general Geisel assumiu a presidência e deu início à sua abertura "lenta, gradual e segura". Em 1973, as esquerdas armadas já haviam sido derrotadas militarmente.[406] Mesmo antes, alguns setores já tinham dado início a um processo de *autocrítica* da opção pela luta armada que, mais tarde, se aprofundaria e se disseminaria. A democracia começava a entrar na pauta das preocupações das esquerdas brasileiras. Mas não somente delas. Era preciso, de alguma forma, aglutinar a sociedade em torno de um consenso democrático, contra a ditadura.

Mas não podemos esquecer também que a Camde fundamentou sua militância em nome da *defesa da democracia*. No entanto, em meados dos

---

405 Entrevista concedida à autora por três ex-diretoras da Camde que solicitaram anonimato. Rio de Janeiro, 12 set. 2006.

406 À exceção do PCdoB, com a Guerrilha do Araguaia.

anos 1970, já não se tratava mais de defender a democracia nos termos propostos pelas mulheres. A democracia de que se falava então não era a *democracia fortalecida* em nome da qual a Camde se formou em 1962, marchou em 1964 e lutou para que fosse *aprofundada* em 1965 e 1968.

Aqui, é importante tentar recuperar o significado das palavras em seus respectivos contextos. Nesse sentido, durante a década de 1960 podemos observar na Camde uma militância que se dizia *em defesa da democracia*, mas que se definia basicamente contra o comunismo e contra o trabalhismo. A defesa daquele regime baseava-se no forte sentimento anticomunista, daí a possibilidade de afirmarem, em 1967, que "nunca sentiram a democracia tão viva" ou, em 1968, colocarem-se contra as manifestações estudantis pedindo à sociedade que se unisse, "desde o mais humilde trabalhador à mais alta autoridade" na defesa da *unidade* nacional, dos ideais democráticos e da luta contra *ideologias espúrias*.[407]

Em meados dos anos 1970, o sentido da *democracia*, do *consenso democrático* que se formava já não era mais aquele. Antes, era o seu oposto. Era uma *democracia* que se opusera e se opunha ainda aos militares, que fazia a *autocrítica* da luta armada, a crítica (*e autocrítica*) ao PCB, redefinindo-a. A partir de então, a sociedade, de maneira geral, "foi se metamorfoseando. Ali já não havia mais partidários da ditadura, e todos eram convictos democratas".[408]

A incorporação de valores democráticos pela sociedade a partir de meados da década de 1970 é um processo que precisa ser levado em consideração se quisermos compreender também a dinâmica dos grupos civis que apoiaram o regime. Conquanto a formação desse consenso democrático possa resultar em construções de memória baseadas no *silêncio,* ou que consolidem mitos como o da *moderação* do governo Castello Branco ou de que a sociedade sempre *resistiu* ao regime, como é o caso da memória das militantes da

---

[407] Fundo Campanha da Mulher pela Democracia. (Arquivo Nacional/Codes. Documentos Privados. Código PE. Caixa 38. Pasta 1.) Recorte de jornal: "Chamada à razão". *Correio Popular,* Campinas, 26 out. 1968.

[408] Aarão Reis Filho, 2004, p. 45.

Camde. No entanto, se analisarmos esse processo em conjunto com a tese da falta de "renovação de liderança", poderemos compreender melhor por que a Camde encerrou suas atividades apesar dos apelos do presidente Geisel para que continuasse: naquele contexto, tornava-se mais difícil militar a favor da "Revolução de 1964" e da democracia simultaneamente. A sociedade já não se identificava como antes com a causa. Aqui vale lembrar que em 1974 já temos a crise ou o início da crise do *milagre*, que tira do regime um bom argumento, além da vitória do MDB nas eleições.

Dessa forma, a Camde *calou-se*. E o fato de terem encerrado suas atividades imediatamente após os *anos de chumbo* permite que hoje as mulheres reconstruam sua memória baseadas, sobretudo, na *luta pela democracia* — sem diferenciar a *democracia* de 1964 da *democracia* de 1979. Permite que elas *silenciem* ou até mesmo neguem sua militância nos anos de maior repressão pelo governo.

No entanto, pretendi recuperar a importância que determinados valores possuíam — ou possuem ainda — para o imaginário coletivo de significativos segmentos da sociedade. Para além das *artimanhas da memória*[409] dos grupos da sociedade civil comprometidos com a ditadura; para além, inclusive, da memória nacional, que procurou varrê-los do passado silenciando sobre o respaldo social que tiveram, importa destacar que grupos como os das mulheres da Camde se organizaram em torno da defesa de instituições caras à sociedade brasileira: a família, a religião e a pátria. E, nesse sentido, sua militância encontrava eco na sociedade.

Seu discurso, pautado por um moralismo exacerbado, por uma retórica anticorrupção, a favor de uma "democracia fortalecida" e de uma "educação cívica da juventude" mobilizava os *sentimentos* de setores expressivos da sociedade, em particular as *mães brasileiras,* e não se limitava às elites. Recuperar a trajetória de grupos como a Camde possibilita compreender que a manutenção da ditadura por 21 anos vai além dos *militares*. Mesmo porque, aquelas mulheres não se organizaram *a favor* dos militares.

409 Aarão Reis Filho, 2004, p. 26.

Reuniram-se antes do golpe, contra Goulart, contra a crescente participação das *massas* nos processos sociais que sua política trabalhista propunha. Organizaram-se contra a suposta *infiltração comunista* no país. Militaram muito próximas do que a UDN e o udenismo defendiam como plataformas eleitorais e como valores que deveriam ser prezados pela sociedade. Acreditaram na retórica inflamada e moralista do *seu* governador, Carlos Lacerda, apoiaram-na

As Forças Armadas levaram a cabo seu projeto, destituindo Goulart da presidência e dando início a um processo de *limpeza* e *saneamento* das instituições. E, em nome do aprofundamento de tal processo, em nome do *consenso revolucionário*, as mulheres não hesitaram em abandonar Lacerda. Uniram-se em torno de Castello Branco, para elas *o grande homem da Revolução*. Admiraram em 1964 sua "austeridade, sua firmeza de decisões, sua personalidade enérgica", embora rememorem na atualidade e de forma saudosa a suposta *moderação* de seu governo. Em seguida, acreditaram na capacidade de Costa e Silva consolidar a "Revolução", tiveram *fé* no AI-5; mas hoje, confessam que se *desiludiram* "depois que o Costa e Silva veio com esse negócio de ditadura militar".

Entre *memória* e *história*, este trabalho buscou recuperar a trajetória de um grupo muito particular da sociedade, mas que expressa muito bem o sentido da construção do consenso em torno da ditadura, bem como o sentido das *batalhas de memória* que a sociedade trava ainda em torno de sua participação no regime. Procuramos entender, assim, as referências da sociedade, sua relação com a ditadura, com seus "ditadores amados. Menos porque temidos, mais porque reconhecidos, então, como seus dirigentes".[410] Procuramos entender os caminhos *silenciosos* da construção da memória de grupos comprometidos com o regime. Buscamos observar os comportamentos coletivos em sua complexidade, desvendando os elementos que compõem uma determinada cultura política que possibilitou que a ditadura se sustentasse.

---

[410] Rollemberg, 2007a, p. 92.

Desta perspectiva, a militância política da Camde permitiu observar alguns dos aspectos cruciais para a formação de um consenso social em torno do regime, na medida em que compreendíamos sua organização pública tendo em vista a importância de determinados valores na organização do cotidiano dessas mulheres, como, por exemplo, o medo *real* do comunismo e de que ele destruísse as instituições responsáveis pela organização do seu modo de vida: a família, a religião, a pátria e a democracia. Nesse sentido, o regime instaurado em 1964 pôde contar com a identificação de segmentos significativos da sociedade, os quais partilhavam muitos de seus valores.

Fontes e bibliografia

Fontes

"A nação que se salvou a si mesma". Artigo especial da revista *Seleções* de Reader's Digest, novembro de 1964.

A nação que se salvou a si mesma. Editora da Biblioteca do Exército, 1978.

"D. Amélia Molina Bastos ou como e onde marcha a Camde". Entrevista concedida a Stella M. Senra Pollanah e publicada na revista feminina *Livro de Cabeceira da Mulher*, ano I, v. 5. Rio de Janeiro: Civilização Brasileira, 1967.

Entrevista concedida à autora por uma associada que solicitou anonimato. Rio de Janeiro, 29 ago. 2006.

Entrevista concedida à autora por três ex-diretoras da Camde que solicitaram anonimato. Rio de Janeiro, 12 set. 2006.

Entrevista concedida à autora por Gisella Guisard Milliet. São Paulo, 17 maio 2007.

Entrevista concedida à autora por Maria Paula da Silva Caetano. São Paulo, 17 maio 2007.

Fundo Campanha da Mulher pela Democracia. Arquivo Nacional/Codes. Documentos Privados. Código PE.

Fundo Instituto de Pesquisa e Estudos Sociais. Arquivo Nacional/Codes. Documentos Privados. Código QL.

Jornal do Brasil. Rio de Janeiro, 1964-70.

Jornal *O Globo*. Rio de Janeiro, 1962-74.

Jornal *Tribuna da Imprensa*. Rio de Janeiro, 1964-65.

O Brasil que os brasileiros estão fazendo. Folheto produzido e distribuído pela Assessoria de Relações Públicas da Presidência da República (ARP), janeiro de 1978.

Site do Senado Federal: <www.senado.gov.br/sf/senadores/senadores_biografia.asp?codparl=1382&li=30&lcab=1915-1917&lf=30>. Acesso em: 25 abr. 2007.

Bibliografia

AARÃO REIS FILHO, Daniel. Um passado imprevisível: a construção da memória da esquerda nos anos 60. In: ______ (Org.). *Versões e ficções.* O seqüestro da história. São Paulo: Perseu Abramo, 1999.

______. Ditadura e sociedade: as reconstruções da memória. In:______; RIDENTI, Marcelo; MOTTA, Rodrigo Patto Sá (Orgs.). *O golpe militar e a ditadura:* quarenta anos depois (1964-2004). São Paulo: Edusc, 2004.

______. *Ditadura militar, esquerdas e sociedade.* 3. ed. Rio de Janeiro: Jorge Zahar, 2005.

______. A revolução e o socialismo em Cuba: ditadura revolucionária e construção do consenso. In: ROLLEMBERG, Denise; QUADRAT, Samantha Viz (Orgs.). *A construção social dos regimes autoritários*: legitimidade, consenso e consentimento no século XX. Rio de Janeiro: Civilização Brasileira, 2008. (Brasil e América Latina, v. 1). No prelo.

ALBERTI, Verena. Literatura e autobiografia: a questão do sujeito na narrativa. *Estudos Históricos*, Rio de Janeiro, v. 4, n. 7, 1991.

AQUINO, Maria Aparecida de. *Censura, imprensa, Estado autoritário (1968-1978)* — o exercício cotidiano da dominação e da resistência: *O Estado de São Paulo* e *Movimento.* São Paulo: Edusc, 1999.

ASSIS, Denise. *Propaganda e cinema a serviço do Golpe* — 1962-1964. Rio de Janeiro: Mauad/Faperj, 2001.

AYÇOBERRY, Pierre. *La société allemande sous lê IIIe Reich, 1933-1945.* Paris: Éditions du Seuil, 1998.

BASTOS, Natalia de Souza. *Elas por elas*: trajetórias de uma geração de mulheres de esquerda. Brasil — anos 1960-1980. Dissertação (Mestrado em História) — Programa de Pós-Graduação em História da Universidade Federal Fluminense, Niterói, 2007.

BENEVIDES, Maria Victoria de Mesquita. *A UDN e o udenismo.* Ambigüidades do liberalismo brasileiro (1945-1965). Rio de Janeiro: Paz e Terra, 1981.

BERSTEIN, Serge. Cultura Política. In: RIUX, Jean Pierre; SIRINELLI, Jean-François. *Para uma história cultural.* Lisboa: Estampa, 1998.

BORGES, Nilson. A Doutrina de Segurança Nacional e os governos militares. In: FERREIRA, Jorge; DELGADO, Lucília de Almeida Neves (Orgs.). *O tempo da ditadura* — regime militar e movimentos sociais em fins do século XX. Rio de Janeiro: Civilização Brasileira, 2003. (Coleção O Brasil Republicano, v. 4).

BOURDIEU, Pierre. A ilusão biográfica. In: FERREIRA, Marieta de Moraes; AMADO, Janaína (Orgs.). *Usos e abusos da história oral.* 7. ed. Rio de Janeiro: FGV, 2005.

CASSOU, Jean. *La mémoire courte*. Paris: Éditions Mille e Une Nuits, 2001.

COMISSÃO ESPECIAL SOBRE MORTOS E DESAPARECIDOS POLÍTICOS. *Direito à verdade e à memória*. Brasília: Secretaria Especial dos Direitos Humanos, 2007.

DANTAS, Eudoxia Ribeiro. *Voltando no tempo*. Rio de Janeiro: Sette Letras, 1998.

DREIFUSS, René Armand. *1964:* a conquista do Estado. Ação política, poder e golpe de classe. Petrópolis: Vozes, 1981.

FERREIRA, Jorge. A legalidade traída: os dias sombrios de agosto e setembro de 1961. *Tempo,* Rio de Janeiro, v. 2, n. 3, p. 149-182, 1997.

______. O governo Goulart e o golpe civil-militar de 1964 In: FERREIRA, Jorge; DELGADO, Lucília de Almeida Neves (Orgs.). *O tempo da experiência democrática*. Da democratização de 1945 ao golpe civil-militar de 1964. Rio de Janeiro: Civilização Brasileira, 2003. (Coleção O Brasil Republicano, v. 1, p. 343-425).

FERREIRA, Marieta de Moraes. Introdução. In: ______(Org.). *João Goulart:* entre a memória e a história. Rio de Janeiro: FGV, 2006.

FICO, Carlos. *Reinventando o otimismo*. Ditadura, propaganda e imaginário social no Brasil. Rio de Janeiro: FGV, 1997.

______. *Além do golpe*. Versões e controvérsias sobre 1964 e a ditadura militar. Rio de Janeiro: Record, 2004.

______. Com o rosário na mão. *Nossa História,* ano I, n. 5, p. 42, mar. 2004a.

GELLATELY, Robert. *No sólo Hitler*. La Alemania nazi entre la coacción y el consenso. Barcelona: Crítica, 2002.

GOMES, Aila de Oliveira. Prefácio. In: DANTAS, Eudoxia Ribeiro. *Voltando no tempo*. Rio de Janeiro: Sette Letras, 1998. p. 7.

GOMES, Ângela de Castro. Na antecâmara do golpe. *Revista Brasileira de História,* São Paulo, Anpuh/Marco Zero, v. 14, n. 27, 1994.

______. Escrita de si, escrita da história: a título de prólogo. In: GOMES, Ângela de Castro (Org.). *Escrita de si, escrita da história*. Rio de Janeiro: FGV, 2004.

HUYSSEN, Andreas. Resistência à memória: os usos e abusos do esquecimento público. In: BRAGANÇA, Aníbal; MOREIRA, Sonia Virginia. *Comunicação, Acontecimento e Memória*. São Paulo: Intercom, 2005.

KELLER, Vilma. Carlos Lacerda. In: ABREU, Alzira Alves de et al. (Orgs.). *Dicionário Histórico-Biográfico Brasileiro pós-1930*. Rio de Janeiro: Cpdoc/FGV, 2001.

KERSHAW, Ian. *L'opinion allemande sous le nazisme*. Bavière 1933-1945. Paris: CNRS, 2002.

KUSHNIR, Beatriz. *Cães de guarda*. Jornalistas e censores, do AI-5 à Constituição de 1988. São Paulo: Boitempo, 2004.

LABORIE, Pierre. De l'opinion publique à l'imaginaire social. *Vingtième Siècle*, v. 18, n. 18, année 1988.

______. *L' opinion française sous Vichy*. Les français et la crise d' identité nationale, 1936-1944. Paris: Éditions du Seuil, 2001.

______. *Les français des années troubles*. De la guerre d' Espagne a la Liberation. Paris: Seuil, 2003.

______. Sur la relation entre les Français et la Résistance. In: MARCOT, François; MUSIEDLAK, Didier (Orgs.). *Les Résistances, miroir dês regimes d'oppression*. Allemagne, France, Italie. Actes du Colloque International de Besançon, 24 a 26 septembre 2003, Musée de la Résistance et de la Déportation de Besançon, Université de Franche-Comté e Université de Paris X. Besançon: Presses Universitaires de Franche-Comté, 2006.

LAMARÃO, Sérgio. Liga Democrática Radical (Lider). In: ABREU, Alzira Alves de et al. (Orgs.). *Dicionário Histórico-Biográfico Brasileiro pós-1930*. Rio de Janeiro: Cpdoc/FGV, 2001.

LOPES, Rosalba. Clandestinos debates no Brasil da ditadura: 1974-1978. In: SIMPÓSIO NACIONAL DE HISTÓRIA. HISTÓRIA E MULTIDISCIPLINARIDADE: TERRITÓRIOS E DESLOCAMENTOS, XXIV, 2007, São Leopoldo/RS. *Anais*... São Leopoldo/RS: Unisinos/Anpuh, 2007.

LORAUX, Nicole. De l' amnistie et son contraire. In: ______. *Usages de l' oubli*. Paris: Éditions du Seuil, 1988.

MARTINS FILHO, João Roberto. A guerra da memória: a ditadura militar no depoimento de militantes e militares. *Varia História*, Belo Horizonte, n. 28, dez. 2002.

______. A ditadura revisitada: unidade ou desunião?. In: AARÃO REIS FILHO, Daniel; RIDENTI, Marcelo; MOTTA, Rodrigo Patto Sá (Orgs.). *O golpe militar e a ditadura:* quarenta anos depois (1964-2004). São Paulo: Edusc, 2004.

MATIAS, Rodrigues. *Marcha da Família com Deus pela Liberdade, 1964*. São Paulo: União Cívica Feminina (UCF), [s.d.]. Arquivo particular de Gisella Guisard Milliet.

MICHEL, Henri; MIRKINE-GUETZÉVITCH, Boris. *Les idées politiques et sociales de la Résistance*. Documents clandestins. Paris: PUF, 1954.

MORAES, Maria Lygia Quartim. O golpe de 1964: testemunho de uma geração. In: AARÃO REIS FILHO, Daniel; RIDENTI, Marcelo; MOTTA, Rodrigo Patto Sá (Orgs.). *O golpe militar e a ditadura:* quarenta anos depois (1964-2004). São Paulo: Edusc, 2004.

MOTTA, Rodrigo Patto Sá. *Em guarda contra o perigo vermelho*. O anticomunismo no Brasil (1917-1964). São Paulo: Perspectiva, Fapesp, 2002.

______. João Goulart e a mobilização anticomunista de 1961-64. In: FERREIRA, Marieta de Moraes (Org.). *João Goulart:* entre a memória e a história. Rio de Janeiro: FGV, 2006.

PANDOLFI, Dulce Chaves. Os anos 1930: as incertezas do regime. In: FERREIRA, Jorge; DELGADO, Lucília de Almeida Neves (Orgs.). *O tempo do nacional-estatismo — do início da década de 1930 ao apogeu do Estado Novo*. Rio de Janeiro: Civilização Brasileira, 2003. (Coleção O Brasil Republicano, v. 2. p. 14-37).

PEDRO, Joana Maria. Traduzindo o debate: o uso da categoria gênero na pesquisa histórica. *História*, São Paulo, Unesp, v. 24, n. 1, 2005.

PERROT, Michelle. Sair.. In: FRAISSE, Geneviéve; PERROT, Michelle. *A história das mulheres no Ocidente*. O século XIX. Tradução de M. H. da C. Coelho, I. Vaquinhas, L. Ventura, G. Mota. Porto: Afrontamento; São Paulo: Ebradil, 1994.

PICALUGA, Izabel Fontenelle. *Partidos políticos e classes sociais*: a UDN na Guanabara. Petrópolis: Vozes, 1980.

PISCITELLI, Adriana. Reflexões em torno do gênero e feminismo. In: COSTA, Claudia de Lima; SCHMIDT, Simone Pereira (Orgs.). *Poéticas e políticas feministas*. Florianópolis: Mulheres, 2004.

POLLAK, Michael. Memória, esquecimento, silêncio. *Estudos Históricos*, Rio de Janeiro, v. 2, n. 3, p. 3-16, 1989.

PORTELLI, Alessandro. Forma e significado na história oral. A pesquisa como um experimento em igualdade. *Projeto História*, São Paulo, n. 14, fev. 1997.

______. O massacre de Civitella Val di Chiana (Toscana, 29 de junho de 1944): mito e política, luto e senso comum. In: FERREIRA, Marieta de Moraes; AMADO, Janaína (Orgs.). *Usos & abusos da história oral*. Rio de Janeiro: FGV, 2005.

PRESOT, Aline Alves. *As marchas da família com Deus pela liberdade e o golpe de 1964*. Dissertação (Mestrado em História) — Programa de Pós-Graduação em História Social, Universidade Federal do Rio de Janeiro, 2004.

RICOUER, Paul. *La mémoire, l'histoire, l'oubli*. Paris: Seuil, 2000.

ROLLEMBERG, Denise. *O apoio de Cuba à luta armada no Brasil*: o treinamento guerrilheiro. Rio de Janeiro: Mauad, 2001.

______. Esquecimento das memórias. In: MARTINS FILHO, João Roberto (Org.). *O golpe de 1964 e o regime militar*: novas perspectivas. São Carlos: EdUFSCar, 2006.

______. Debate no exílio. Em busca de renovação. In: RIDENTI, Marcelo; AARÃO REIS FILHO, Daniel (Orgs.). *História do marxismo no Brasil* — Partidos e movimentos após os anos 1960. Campinas: Unicamp, 2007. v. 6.

______. Carlos Marighella e Carlos Lamarca: memórias de dois revolucionários. In: FERREIRA, Jorge; AARÃO REIS FILHO, Daniel. (Orgs.). *As esquerdas no Brasil*. Revolução e democracia (1964...). Rio de Janeiro: Civilização Brasileira, 2007a. v. 3.

______. As trincheiras da memória. A Associação Brasileira de Imprensa e a ditadura (1964-1974). In: ______; QUADRAT, Samantha Viz. (Orgs.). *A construção social dos regimes autoritários*: legitimidade, consenso e consentimento no século XX. Rio de Janeiro: Civilização Brasileira, 2008. (Brasil e América Latina, v. 1). No prelo.

ROUSSO, Henry. *La hantise du passé*. Entretien avec Philippe Petit. Paris: Les Éditions Textuel, 1998.

______. Le statut de l'oubli. In: BARRET-DUCROCQ, Françoise (Dir.). *Pourquoi se souvenir?* Académie Universelle des Cultures. Forum International Mémoire et Histoire. Unesco, 25 mars 1998-La Sorbonne, 26 mars 1998. Paris: Bernard Grasset, 1999.

SCOTT, Joan. Gênero: uma categoria útil de análise histórica. *Educação e Realidade*, Porto Alegre, v. 16, n. 2, p. 5-22, jul./dez., 1990.

SESTINI, Pérola. *A "mulher brasileira" em ação:* motivações e imperativos para o golpe militar de 1964. Dissertação (Mestrado em História) — Universidade de São Paulo, Faculdade de Filosofia, Letras e Ciências Humanas, São Paulo, 2008.

SIMÕES, Solange de Deus. *Deus, pátria e família*. As mulheres no golpe de 1964. Petrópolis: Vozes, 1985.

SOIHET, Rachel. Feminismos e cultura política: uma questão no Rio de Janeiro dos anos 1970/1980. In: ABREU, Martha; SOIHET, Rachel; GONTIJO, Rebeca (Orgs.). *Cultura política e leituras do passado:* historiografia e ensino de história. Rio de Janeiro: Civilização Brasileira, 2007.

STARLING, Heloísa. *Os senhores das gerais*. Os novos inconfidentes e o golpe militar de 1964. Petrópolis: Vozes, 1986.

THÉBAUD, Françoise. História das mulheres, história do gênero e feminismo: o exemplo da França. In: COSTA, Cláudia de Lima; SCHMIDT, Simone Pereira (Orgs.). *Poéticas e práticas feministas*. Florianópolis: Mulheres, 2004.

Impresso nas oficinas da
SERMOGRAF - ARTES GRÁFICAS E EDITORA LTDA.
Rua São Sebastião, 199 - Petrópolis - RJ
Tel.: (24)2237-3769